深度社交

许征◎编著

江苏凤凰美术出版社

图书在版编目（CIP）数据

深度社交／许征编著. －－南京：江苏凤凰美术出
版社，2019.8（2021.5 重印）
ISBN 978 －7 －5580 －6704 －4

Ⅰ. ①深… Ⅱ. ①许… Ⅲ. ①心理交往－通俗读物
Ⅳ. ①C912. 11 －49

中国版本图书馆 CIP 数据核字（2019）第 170334 号

责任编辑　李秋瑶
封面设计　松　雪
责任监印　唐　虎

书　　名　深度社交
编　　著　许　征
出版发行　江苏凤凰美术出版社（南京市湖南路 1 号　邮编：210009）
出版社网址　http：//www. jsmscbs. com. cn
印　　刷　河北鹏润印刷有限公司
开　　本　880mm ×1270mm　1/32
印　　张　6
版　　次　2019 年 8 月第 1 版　2021 年 5 月第 3 次印刷
标准书号　ISBN 978 －7 －5580 －6704 －4
定　　价　35.00 元

营销部电话　025 －58155675

前言

成功学大师戴尔·卡耐基曾说过："一个人的成功，85%取决于你的人际关系，15%取决于专业知识。"在美国好莱坞也流行着一句话："一个人是否成功，不在于你知道什么，而在于你认识谁。"曾任美国总统的西奥多·罗斯福也曾经说过："成功的第一要素是懂得如何搞好人际关系。"

现在，越来越多的人认识到了社交的重要作用，也每时每刻都在扩大自己的"朋友圈"。尤其是在互联网时代，通信工具发达，人与人之间沟通便捷，为我们的交际提供了很多便利的条件。

然而，很多人陷入了交往误区——不断地结识人，却几乎没有深入交往，浪费了大量时间和精力，对生活和工作几乎没有帮助。盲目社交、无效社交、功利社交……看似花团锦簇的社交关系，其实最终沦落成点赞之交，无法彰显社交的真正意义。

那么，如何才能让自己学会深度社交，远离无效交际呢？本书提出了以下几个观点：

1. 掌握沟通技巧

说话是社交的重要形式之一。想要把"只是认识"这种弱关系强化成更稳定的关系，往往还需要一些社交基础，这些社交基础就来源于更加深入的交流。

2. 通过社交提升自己

很多人把社交定义为一种休闲方式，和朋友喝喝茶聊聊天。和认识的人一起消耗富余的时光就可以了，并不在意是否能够和对方深入交往。很多成功人士的社交却不仅仅是认识更多人，而是通过社交来有意识地提升自我。

3.寻找价值更高的人进行交流

想要得到更快更高的发展，获得别人的帮助，就得认识更多有价值的人。即使是不带目的性地交往，认识有价值的人，也更能有效提升自己的能力。

4.向比自己强的人学习

向有上进心的人学习，向比自己强的人学习。一般情况下，他们的经验、态度、专业技能都可以给人提供一定的帮助。另外，和具有互补性的人合作，可以实现利益最大化。

通过对以上内容的深入分析，本书将告诉你，如何深度社交，拥有真正的朋友，进而提高工作的效率，提升人生的格局，让你的生活富有品质，实现人生的梦想。

2019 年 6 月

目录

第五章 ｜ 提升自我，
　　　　 与价值更高的人深入交流

第六章 | 合作共赢，
　　　　深度社交的根本就是高效协作

◇ 辨别朋友要谨慎 ◇

我发现你最近总是和雯雯待在一起，你们什么时候变得这么要好了？

雯雯总是告诉我许多八卦，我觉得她真是个有意思的人。

这是为什么呢？

如果是我的话，我就会和这种朋友保持距离。

对啊，我之前怎么没想到呢！

她既然可以告诉你别人的八卦，就一定会把你的八卦传播给别人，她是无法替你保守秘密的。

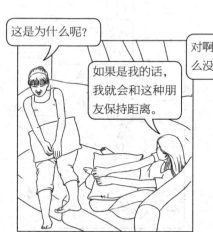

人在辨别朋友时要谨慎，仅以志趣相投作为标准是不够的。有一双善于洞察的眼睛，不被表面现象蒙蔽在选择朋友的过程中是很重要的。

◇ 善良是最可贵的品质 ◇

善良是一个人最可贵的品质。图中的小男孩就是一个善良的人，他在造福小鱼的同时也在造福自己。中国传统文化向来提倡向善，我们在日常生活中也要做个一心向善、乐善好施的人。

◇ 谦和的人才能收服人心 ◇

谦和待人才能收服人心。从心底尊重他人并肯定他人的付出，才能获得和谐的
人际关系。在职场中，切不可盲目自大或自我吹捧，无论何时都要谦卑、礼貌
地对待他人。

◇ 会说话才能聚人心 ◇

老婆，我妈一直掌握着家里的财政大权，我觉得我们日常消费很受限制。我跟她提过，可是没什么用。

我觉得咱妈不是不讲情理的人，可能是你说话的方式有问题吧，不如让我去试试。

妈，您平时操持家里真的很不容易。有些我们能办的请您尽管随时吩咐，我俩可以帮您减轻负担，如果有做的不对的地方，我们也好及时改正。

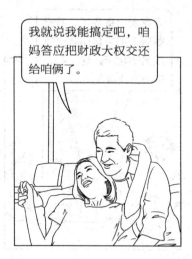

我就说我能搞定吧，咱妈答应把财政大权交还给咱俩了。

儿媳向婆婆要回家中财政大权本不是一件很容易的事，但儿媳通过四两拨千斤的说话技巧，既完成了目标，又没有破坏婆媳关系。说服他人不是蛮横地逼他人服软，而是一种攻心之术。

◇ 倾听是一门艺术 ◇

用心聆听是一种表达爱与关怀的方式，也是和谐人际关系的基础。聆听可以帮助我们建立温馨而又亲密的人际关系，在亲情、友情、爱情方面都无往不利。

◇ 团队需要每个人的付出 ◇

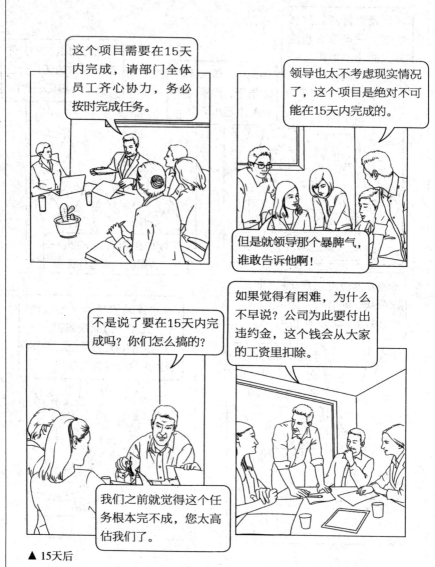

▲ 15天后

好的管理并非只靠领导，需要团队中的每个人都参与进来，及时发表自己的意见，主动参与多项工作，全力付出，而不是只在背后议论，待到事情无法挽回时再做"事后诸葛"，要牢记"天下兴亡，匹夫有责"。

第一章
精准识人，如何发现比你更优秀的人

交友宜慎，结交志同道合的朋友

▌核心提示

　　有句歌词说得好："千里难寻是朋友，朋友多了路好走。"诚然，朋友是人生交际中的主流，哪个也不能缺少，哪个也不可丢弃。从古至今，人生永远需要朋友。但交友需要谨慎，主要应注意以下几点：

▌高手支招

1. 多交必滥

　　朋友的数量不在多，而在于精，多交必滥，这是中国古代人对交朋友的经验总结。常言道："朋友遍天下，知心有几人。"确实，知音难寻。何况，一个人的精力是有限的，如果不加选择，一味地以多结交朋友为荣，则会每天忙于应酬，把所有的精力都放在与朋友的周旋上，一定会影响自己的日常工作、学习和生活。换言之，结交的人多了，也一定会影响到你对朋友的观察和鉴别，假如所结交的人中有品行不正或用心不良者，也很可能给你带来伤害。在当今社会，的确有这么一种人，他们以广泛结交朋友为荣，称得上三教九流，无所不交。确切来讲，这不是在交朋友，只不过是不负责任的普通交际行为。真正的朋友不在于彼此利用，而在于拥有共同的志向和观念，在于彼此帮助，使生活增加乐趣，让友谊为你的生活再增加一些色彩。

2. 不可轻率

我们应把结识朋友看作一项非常严肃的事情。当你在结识朋友时，一定要认真对待，绝对不可轻率。在与对方交往的过程中，要留心观察其思想、兴趣、爱好、品行和举止，思量一下是否值得结交。当然，这里并不要求朋友是各方面都比自己高一等的人。"毋友不如己者"，孔子是说不要和不如自己的人交朋友，这种观点尽管带有极大的片面性，可也表明了交友不可轻率而为的道理。因为，朋友之间原本是互有长短的，你在这方面有长处，他在其他方面有优势，朋友交往，长短互补，这也是交朋友的益处之一。请不要误解，孔子提倡的是要交思想纯净、品行高尚的人，向这样的人学习。同时也要注意，看朋友是否值得结交并不是不准许朋友有不足之处。人无完人，朋友也是这样。只要你所结交的朋友品德高尚，能够真心帮助你，不至于对你有害，就足够了。

3. 谨慎择友

我们在择友时，关键是一定要确立自己的标准，去结交品德高尚、心地善良、乐于助人、勤奋上进的人。这样的朋友就是益友，在一生中都会对你大有益处。有的人仅以志趣相投作为标准，而不管对方的思想品行，只顾哥们义气，只要你对我好，我也对你同样好；你敬我一尺，我敬你一丈；你能为我赴汤蹈火，我也会为你在所不辞。至于是否有利于自己，有利于他人和社会，则一点也不加考虑。在他的朋友中，既有讲吃讲喝者，又有讲玩讲闹者，或者还有胡作非为之人。俗话说："近朱者赤，近墨者黑。"如此一来，难免影响到自己。所以，我们一定要慎重选择朋友，切不可滥交，一定要避免和那些思想不正的人结交，免得沾染恶习。

在生活中，有的人由于交友不慎走上违法犯罪的道路，从而自毁前程，理想、事业统统化为乌有。某法制报以"一个企业家的毁灭"为题报道过这么一件事：某建筑安装工程有限责任公司经理赵某，在业务往来中认识了很多朋友。一天，一个朋友和他一起玩乐过后把他带到宾馆的一间豪华房间，神秘地递给他一支香烟。赵某没有一点防备地抽了起来，不一会儿，赵某感到有点不正常。这时，朋友对他说，香烟中放了毒品。赵某当时非常生气，转身离开，但初次吸毒的体验却使赵某产生了这样的念头：再吸一次。因此，他又一次找到那位朋友，又要了一些毒品。从那以后，赵某一发而不可收，一个月过后，他已经成了一个真正的"瘾君子"。公司业务没心情过问，家庭也不去关心，他不惜斥巨资来购买毒品，而向他供应毒品的，正是勾引他第一次吸毒的那位"朋友"。 仅仅两年时间，赵某就花掉了几十万元的存款，尽管妻子多次劝说，赵某自己也曾多次下定决心戒毒，两次进戒毒所，但都不起作用。 妻子失望之余离他而去，赵某后悔不已。 在月末的一天，赵某登上公司正在承建的一座十二层楼房的楼顶，接着跳了下去，终结了自己的生命。 一个前途光明的企业领导人，就因为交友不慎，被骗吸毒，最后竟失去了自己的生命。

因此，交朋友还是有大学问的，特别是走向社会以后，林林总总的人聚在一起，并不是想象的那样单纯。 因此，交友务必谨慎小心，不能乱交，以防被小人利用而栽入火炕。

长期观察，日久方能见人心

▌核心提示

　　看朋友是否可靠要长时期来考察，而不能初次见面就对一个人的好坏做出结论。因为太快下结论，会使你个人的善恶观念发生偏差，影响你们的交往。

▌高手支招

　　用时间来分辨朋友，这才是朋友间交往最高明的手段。人为了生存和利益，大多都会戴一个假面具。和你见面时便把假面具戴上，这是一种有意识的行为，这些假面具或许只为你而戴，而演的正是你欣赏的角色。假如你据此判断一个人的好坏，然后决定和他交往的深浅，那就有可能吃亏上当。用"时间"来分辨人，就是在初次见面后，无论双方是一见如故还是话不投机，都要保存一些空间，并且不夹杂主观好恶的感情影响，冷静地评断对方的作为。

　　总而言之，人无论怎么隐藏本性，终究是要露出真面目的。 因为戴面具是有意识的行为，久而久之，自己也会感到累，所以在不经意间会将假面具拿下来，好比前台演员，一到后台便把面具拿下来一样。 面具一拿下来，真面目就出现了，但是他绝没有想到你在一旁观察。

用"时间"来分辨你的朋友，到时候，他们一个个都会自然而然地露出本来面目。 你不用去撕下他的假面具，他自然会自己揭下来向你显现真面目。

常言道："路遥知马力，日久见人心"，说的就是用"时间"来观察人的方略。

利益是检验人品的试金石

▌核心提示

　　利益是光照人性的影子，在他面前，一切与道德、伦理有关的本质都将现形，而且一览无余。因此辨别朋友可以看他在利益面前的表现。

▌高手支招

　　在利益眼前，所有人的灵魂都会赤裸裸地暴露出来。有的人在对自己有利或利益没有伤害时，可以称兄道弟，表现得亲密无间。但是一旦有损于他们的利益时，他们就仿佛变了个人似的，见利忘义，唯利是图，何为友谊、何为感情全部抛到脑后。例如，在一起工作的同事，平日里大家说笑逗闹，关系融洽。但是到了晋升时，名额有限，僧多粥少，有的人就露出本来面目了。他们再不认什么同事、朋友，在会上只晃摆自己的长处，揭别人之短，背后造谣中伤，四处活动，千方百计把别人拉下去，自己挤上来。试想此事过后，谁还敢和他们真心结友呢？

春秋末年，晋国中行文子被迫在外漂泊，有一次路过一座界城时，他的随从告诉他："主公，这里的官吏是您的老友，为何不在这里休息一下，等一下后面的车子呢？"中行文子答道："的确，以前此人待我不错，我有些时日喜欢音乐，他就送给我一把鸣琴；后来见我又喜欢佩饰，他又送给我一些玉环。这是投我所爱，以求我可以接纳他，而如今我担心他要出卖我去讨好敌人了。"所以，他很快就离去。不出所料，这个官吏命人扣押了中行文子后面的两辆车子，交给了晋王。

　　中行文子在危难之际能够预测出"老友"的出卖，从而躲避了被其落井下石的可能，这可以让我们看到：当你处在高位、某位朋友专门投你所好时，那他很有可能是因你的地位而与你结交，而不是由于你这个人自身。这类朋友很难在你困难之时伸出援手。

　　换言之，通过利益来考验人心，虽然代价高、时日长，又过于被动，可是其可靠程度却大于依推理所下的推论。所以我们说："倒霉之时测度人心不失为一种稳妥的方法。"

善于洞察，知人知面要知心

人际关系是相互的，在你试探别人的时候，你也有被对方试探的可能。一定不要忘了，被你试探的对象也有眼睛，忽略了这一点，事情就有可能发展得十分严重。

▌高手支招

齐国，有一位宰相名叫田婴。尽管他在位时处于乱世，可他治国有方，因此，使得齐国威名远扬。对于个人处世之道，他也知道得极多，这使得出身贵族的他，没有被卷进王位相争的旋涡，却能够历经三代王室，任宰相之位长达十余年之久。他告老之后，受封于薛国之地，安度晚年。

其中，有关他观察君王心意的故事，十分有名。

齐国王后去世时，后宫有10位齐王宠爱的嫔妃，中间一定有一位会继任王后，可到底是哪一位，齐王并不做明确的表态。

身为宰相的田婴因此开始想办法。他觉得：假如能确定哪一位是齐王最宠爱的妃子，然后加以推荐，一定能博得齐王的欢心，而且对他更加信任；同时，新后也会对他另眼相看。但是，万一弄错的话，事情反而糟糕。因此，一定想个办法，探测一下齐王的心思。

因此，田婴命工人抓紧打造了 10 副耳环，而其中一副做得尤其精巧美丽。

田婴把这 10 副耳环献给齐王，齐王分别赏赐给 10 位宠妃。第二天，田婴再拜见齐王时，发现齐王的爱妃之中，有一位戴着那副尤其精致的耳环。

可想而知，不久之后新任命的王后，确是当日田婴所断定而推荐的那位妃子。

让我们再介绍一则擅弄权术的宰相却被识破心意的故事。

大概在秦统一天下前 40 年的时候，秦国有一位十分有才能的宰相，名叫应侯。此公并非秦国人，乃是由魏国逃命至秦，在秦居官，多次晋升，终达宰相之位。他所提议的一系列的外交政策，奠定了日后秦国统一天下的基础。

应侯以前在韩国汝南拥有自己的领地，后来被韩国没收。

秦王非常同情他的遭遇，因此问道："你被韩国夺取领土，心中肯定有所不平。"

秦王原意是要试探身为宰相的应侯，是否会由于私怨而对韩国履行报复手段。

但是应侯答道："听说有一位失去儿子的父亲，在接受别人吊唁的时候却对他们说：'死了儿子固然伤心，可是想一想我原本也是没有儿子的人，也就不伤心了。'我原先也是没有封土的平民，因此，如今也不会为失去领土而感到伤心。"

应侯心想：假如不这样回答，以后要推行对韩政策，一定会受到重重阻挠，因此，故意表示出对于韩国没收自己领土一事，并不放在心上。

秦王尽管对他表现的心胸开阔感到敬服，但依然感到不明他真正的心意，于是派遣一位将军前往试探。

这位奉派的将军一见到应侯就随口说道："丞相，我真伤心得不想活了。"

"喔！到底发生了什么大事？"

"丞相您想想，秦王对您恩惠有加，远近皆知。可恶那小小的韩国，胆敢公开夺取丞相在韩的领土，这种耻辱我怎么忍受得了！因此，我活不下去了。"

应侯听完这话，马上站起来向这位将军深深致敬，并且说道："那就全仰仗将军您了。"

将军回去之后，将事情的经过一一禀报秦王。明白了应侯的真心之后，秦王从此不再相信应侯了。

上述举的两个例子，都是利用人性的不足去试探对方。在这里，我们是以古代的透视人心术为重点，来研究这种探测透视法。

事实胜于雄辩——正统试探法

▌核心提示

"正统"试探法，即"以事实对照言语"的试探
方法。利用这种方法，就可以抛开对方的花言巧语，
全部针对事实来探测人心。

▌高手支招

秦始皇想求长生不老之法宝。一次，一个自称云游
仙人的道士，到秦始皇那儿说："我精通长生不老之术，
可以教给你。"

惊喜万分的秦始皇立即命令臣下拜仙人为师，学习
长生不老之术。

不幸的是，在长生术还没有学成之前，仙人就先行
去世了。因此，秦始皇责备那些学习长生之术的臣子说：
"都怨你们学习能力太差，失去了这个大好时机！"

这个故事，就是嘲讽人们不能看清事实，只听到别人的花言巧语，就信以为真，只落得贻笑大方。

《韩非子》中还有很多类似的理论，再三告诫我们：凡事不要轻易听信他人，一定要找到事实根据才能相信。

人在睡觉的时候，辨不出谁是盲人，谁不是盲人；沉默不言的时候，很难摸清谁是哑巴，谁不是哑巴。只有在大家都睁开眼睛的时候，才能分辨出谁是盲人；也只有在大家开口说话之际，才能区分出谁是哑巴。

假如不给予人们发表建议的机会，我们很难得知他是否有自己的观点；同样的道理，如果不给他表现的机会，就不能知道他是否真有能力。

"我是大力士。"这句话谁都可以说，但假如不请他当场举鼎检验一番的话，很难知道他的力量到底有多大。

性情憨直的人，往往会被喜欢吹牛的人忽悠得信以为真，这就是由于他没有利用事实去检验别人所说的话，才会被人家的花言巧语所欺骗。

因此，贤明的君主在听到臣下的回报之后，一定会经过事实的验证才能相信。

以上就是《韩非子》"六反"中某段的大致意思。

在此顺便说明一下，历代帝王常用的一句话"循名责实"，也是出自《韩非子》。"名"即言语，"实"指事实，"循名责实"也就是说：听到人家说的话，要以事实来检验，这是作为统治者必须做到的原则。

事实上，"循名责实"不但是统治者应该恪守的原则，而且在普通人的日常生活中，也有很多地方应该做到"循名责实"。比如：属下对上司的评价，读者对报纸的反馈，消费者对企业家的宣传，买主对商人的夸张言辞等等，都应该遵循"循名责实"的原则，加以检验，实事求是。

透视识人秘诀："啄木鸟战略"

▋核心提示

　　以行动和言语相对比，是最正确的透视人心法。可是，假如对方始终没有行为表现，我们也不能总是永无止境地等待下去，一定要积极地采取主动的态度，诱导对方有所行动之后，再加以观察、试探。这种方法，也称之为"啄木鸟"战略。

▋高手支招

　　啄木鸟在吃小虫之前，大都是先以它尖长的喙试探一下哪里有虫，再进行啄食。这种积极观察的方法，也是先采取主动，诱导对方产生行为之后，再进行观察，这和啄木鸟啄食的道理基本相同。

　　有一次，魏武侯在请教精通用兵的大军事家吴起时，问到有关于探知敌情的问题："和敌军对阵之时，假如不明敌情，应该采取什么手段？"

吴起答道："应该利用诱敌之策。当两军交战的时候，我们先虚应一下，接着退下阵来，借此机会观察敌军反应。假如敌军依旧阵容严整，不轻易追赶的话，表示敌军将领很有智慧；反之，假如他们一点也没有纪律的限制的话，就表现出这个将领是愚蠢无能的。"

这是《孙吴兵法》中记述的有关识破敌人内幕的手段。对于那些虚伪不实的人，要评价他的行为，使用这种方法十分有效。

兵书《六韬》中也谈到了相似的策略。从一个人的外表，不能识破他的心意；假如想要知道别人对自己的观念，可以用试探的方法，从他的反应识破内心。透视的方法，有下列8种：

（1）直截了当地询问，从他对事情清楚的程度来判断；

（2）刨根问底，层层逼近，看他做何反应；

（3）让不相干的人从旁侧探寻，观察他的反应；

（4）把秘密透露给他，从他的反应观察人格；

（5）将经济重任托付给他，观看他的品格为人；

（6）以美色试探；

（7）以艰辛的工作试探他的勇气；

（8）劝他喝酒，借酒醉之时试试他的真意。

对比识人：比较透视识人术

▊核心提示

　　待人接物看似事小，却能反映出一个人的品德高低。这既向我们提供了一个观察人的好方法，同时也警告我们：你在不知不觉时所做的某一件小事，很可能已经被在一旁的有心人记在了心里。

▊高手支招

　　有一次，一位君主对他的近臣说了一段话，大致的意思是这样：某人对妻子非常冷淡，实在很不应该。如果夫妇之间感情不和谐，而且有足够的离婚理由，他大可名正言顺地和妻子离婚，不然就应该互敬互爱，白首偕老，不仅要同甘，更要能共患难。像某人这样，连对自己的妻子都十分冷淡，对待别人更是可想而知，这种人一定不可靠。

这就是用某人对待妻子的态度，推断他可能的处世态度，使用的就是比较观察法。

A 化妆品公司的宣传部长刘先生，有一次，在闲聊时讲了一件亲身经历的事：

一次，一个广告代理商到他那里商谈生意，谈到 A 公司竞争对手 B 化妆品公司，这个代理商可能为了拉广告，把 B 公司的宣传机密和盘托出。

刘先生听到这里，突然想到："此人与我并无深交，为何会对我透露 B 公司的秘密？可想而知，他一样会把我们公司的机密透露给 B 公司。"

刘先生用比较观察法发现对方的诡计之后，从那以后再也不相信这个广告代理商了。

《韩非子》一书中，对相似的观察法实例，记录极多。

从前，有一个名叫鲁丹的游士，周游至中山国时，想把自己的观点呈献给君王，不幸的是投递无门。因此，鲁丹以大量金银珍宝，赠给君王亲信的幕僚，请他代为引见。此法很快生效，鲁丹被君王召见，而且在谒见之前，先以珍味佳肴接待他。

席间，鲁丹不知何故，突然放下筷子退出宫殿，也不回旅舍，马上离开中山国。

随从十分惊讶地问："他们这等厚待，为何离去？"

鲁丹回答从者："这位君主被他的近侍所控制，自己没有一点观点，日后假如有人说我的坏话，君主一定会惩罚我，倒不如早些离去的好。"

还有一例：

魏国将军乐羊带兵攻打中山国。

那时，乐羊之子正栖身中山国，因此，中山国王将乐羊之子处死，并做成肉汤，送到围守在城外的乐羊军队阵营之中。

乐羊十分冷静地将肉汤喝完。

魏王听到这个消息，十分感动地说："乐羊为我吃下自己儿子的肉！"

可是他身旁的大臣却以指责的口气说道："连自己儿子的肉都敢吃的人，一定敢吃任何人的肉。"

后来，乐羊打败中山国凯旋之后，魏王尽管犒赏他的战功，可从此不再器重他。

另外一例：

鲁国重臣孟孙打猎时捕获到一只小鹿，命令家臣秦西巴用车子把小鹿带回，在回去的路上，总有一只母鹿跟在车后哀叫。

秦西巴觉得母鹿非常可怜，就把小鹿放了。

等孟孙返回家中，知道了原因，十分生气，因此把秦西巴幽禁起来。

可是，三个月之后，孟孙不仅赦免了秦西巴的罪，而且派遣他辅佐自己的儿子，近侍十分惊讶地问："前些时候，您刚刚处罚了他，现在却又委他以重任，这是为何？"

孟孙回答说："他连小鹿都不忍捕捉，将其放掉，对待我儿子也必定会很仁慈的。"

上述的例子都是依据观察对方在待人接物时所体现出的态度，通过对比，由彼推己得出结论。

看透本质，以貌取人不可取

▌核心提示

　　人的心与人的脸是不一致的，拥有美的、好看
的、吸引人的、讨人喜欢的脸，其真实品质并不一
定优秀；长着丑陋的、难看的、不吸引人的、讨人
厌的脸的，未必是居心叵测之人。

▌高手支招

　　人人都长有一副面孔，都摆有一副脸皮，每个人都可以得
以观之、察之。

　　然而，每个人却又是不同的。俗话说，"宁可不识货，
不可不识人"，这就是说在为人处世中要善于看圆识方，洞察
人心。人心隔肚皮，是看不到、摸不着的，一个人品行的好
坏不能靠表象去解释，而要用心去揣测对方。

　　人的面孔或脸皮，都有美丑之别，有好看和难看之分。
有的人的脸长得靓丽、好看、吸引人，讨人欢心；有的人相貌

丑、难看、不吸引人，让人生恶。

人一般最容易犯的过失和毛病，就是以貌取人。更甚者，有的领导全凭自己的喜好、印象提拔干部、任命部下，最终只会招来麻烦甚至灾难。

在看事物的时候不要只着眼于表面现象，要用心去看，看到其内涵，不可被表面的现象所迷惑。就比如你与他人合作的时候，假如你不知道他是怎样一个人，最好不要急于与之合作，这样只会给以后带来更大的不测。知人知面更要知心，如此，不仅能明白别人，也能把握好自己未来的航向。

比尔10岁那年，父母双亡，只留下了他们兄弟七人。一个穷亲戚把比尔收留了，其他几个都送进了孤儿院。

尽管说比尔被收留了，可他还是要靠自己养活自己，因此，他开始卖报。一个暮春的下午，一个乘电车的胖男子耍弄比尔，拿了报却不给钱。比尔在追赶的途中，脚底一滑，仰天摔倒在地。他正想爬起，身后一辆马车"吱"一声停了下来。车上一个拿着一束玫瑰花的妇人，眼里含着泪花，弯下腰对比尔说："孩子，我都看见了，你在这儿等我，我就回来。"转身对车夫说："马克，追上去，宰了他!"接着比尔爬起来，擦干了眼泪，最终认出了这个拿玫瑰花的妇人其实就是电影海报上的大明星梅欧文小姐。

10分钟之后，马车又回来了，这位女明星叫比尔上了车。马克对比尔说："我一把抓住那家伙，左右开弓把他打得两眼直冒金星，然后又往他太阳穴补了一拳，报钱也替你追回来了。"说完，马克就把一枚硬币放在比尔的手中。

梅欧文对比尔说："孩子，你听我说，你不要由于碰到这种坏人就把人都看坏了。世上坏人是不少，但大部分都是好人——像你，像我。我们都是好人，对不对？"

这件事过了好多年之后，比尔才清楚当年的真实情形。事实上，当时马车甚至连电车的影子都没追着，它在前面街头拐个弯，转过头，便又直接向比尔赶来。

比尔经历过千辛万苦后终于当上了一名记者。他没有经过正规教育，只靠自学得到了记者这一职位，后来又成了编辑，还在新闻界赢得很高的声誉。

比尔向他的报界同僚说："感谢上帝，逆境是好东西，我十分感激它。但是，我更感激梅欧文小姐，感激她那天的火气、她眼中的泪水和她手中的玫瑰！正是靠了这些，我才没有沉沦，没有一味地把世界包括自己恨死。"

因此，认清楚好人与坏人是十分关键的，在遇到好人的时候，他们会伸出救援之手来帮助我们，可是碰见了坏人，他们却只会给我们带来麻烦。因此，在交友的时候一样也需要认清对方的品行，这是十分重要的。常言道"近朱者赤，近墨者黑"就说明了交友的重要性。一定要有选择地去结交朋友，要去和那些作风正派、品行端正的人做朋友。这样，不管在生活上、学习上，或者以后的工作上，必定是大有益处的。这世界已经不是早些年拿脸谱来分辨人物好坏的年代了。物欲横流，金钱至上，人的判断是最难的人生课题。因此，自己要练就一双分辨人的火眼金睛。

就如下面这个故事，李某做梦也想不到，结交多年的朋友竟窃走了自己的血汗钱。

李某和骆小强是有着20多年友情的好朋友。一年年初，两人同时来到某地打工。那天，骆小强来到李某的住处，李某像以前一样烧好几个菜招待老友。酒足饭饱后，李某将骆小强拖到床上休息，自己出去办事。李某一走，装醉的骆小强马上将李某放在床头的皮箱打开，偷走3600元，接着骑上摩托车逃走，将其中的3000元存入了银行。

骆小强走后不久，李某便发觉自己的3600元钱不见了，他认定是被骆小强拿走了。为了不伤情面，李某上门叫骆小强归还这3600元钱，打算还完钱就算了。谁知骆小强不认账，李某只好报案。

因此，在交友之时，应时刻把人品放在第一位，牢记好人品至上，择友慎重。

有一次，孟子和公明休闲聊，说起了为人交友需要知道人的本质，不然就会有祸事发生。公明休说："从前，逢蒙跟羿学射箭，可逢蒙这个人品行很坏，当他掌握了全部的射箭的技巧后，便想，天下的人只有羿比我强，假如没有羿，我就是天下第一了。因此，他杀死了羿，逢蒙也太坏了。"

孟子说："这也不能全部怪逢蒙，羿自身也有过错，不然后果就不会如此。"

公明休问："冤死已经很可惜了，他又有什么不对呢？"

孟子说："郑国曾经派子濯孺子带兵攻打卫国，卫国派庾公之斯率军进行反击，最后郑军大败，子濯孺子落荒逃跑。庾公之斯紧追不放，马上就要追上了。

"因为过度紧张，子濯孺子肌肉抽搐的老毛病忽然发病，他呻吟着说：'我的老毛病又犯了，拿不动弓，我死定了。'

"言毕，又怀着一丝希望回头问车夫说：'你回头瞧瞧，追我的人是谁呀？'车夫说：'是庾公之斯。'子濯孺子一听，马上开心地说：'天啊！吉人自有天相啊！我死不了啦！'车夫十分奇怪地问：'庾公之斯是卫国有名的射手，他来追赶咱们，我们已经十分危险了，您却说死不了啦，这是为何？'子濯孺子说：'庾公之斯跟尹公之他学习射箭，尹公之他是我的徒弟。按说，庾公之斯也就是我的徒孙了。尹公之他是个正派人，品行端正，他所选择的人也必定正派，因此我说死不了。'

"言毕，庾公之斯追上了，他问子濯孺子说：'老师为何不拿弓箭反击？'子濯孺子说：'我的老毛病发作了，拿不动弓。'庾公之斯说：'我跟尹公之他学射箭，尹公之他又是您的徒弟，我不忍心拿您的技巧反过来伤害您。可现在是国家的公事，我又不能因私而损害。'

"然后，他抽出一支箭，往子濯孺子的车轮上敲了几下，把箭头除掉了，接着又象征性地射了四箭便回去了。"

说到这儿，孟子看望着公明休，又说："人的品行最重要，你们看子濯孺子因清楚弟子的人品而活，羿因不清楚弟子的人品而死，莫非羿自己一点失误都没有吗？"

有时候结局的好坏，主要还在于自己，自己是否真正地把对方看得一清二楚了。同时，要留心有三类人是不可交的：一类是"甘言如饴，游戏征逐"；一类是"利则相急，患则相倾"。这两种朋友吃喝玩乐，彼此奉承，当面一套，背地一套，唯利是图，有难就推，此所谓贼友，万不可交；第三类则是心术不正的人，胡作非为，无所不作，交之，则近"墨"者"黑"，容易使人走上邪路。

在我们的日常生活中，经常有知人知面难知心的人。因此，对那些心术不正的人，要少打交道，不能深交。当然，主要还在于自己控制住自己，只要自己行得正、站得直、做得好，不论遇到什么样的人，都能抵制其不良作用，一直坚守节操，保持思想道德的纯洁性。

对于一个善良的人而言，他总可以用微笑的态度来面对社会。但对于一个不善良的人而言，他难道就不会用微笑相迎吗？

我们一贯觉得世上还是好人多，可却有更多的人说社会是残酷的。因此，要记住：一定不要随便相信别人。

我们可以不知不觉地相信对面那个文质彬彬的人是一个

正人君子，而那些满脸横肉的人是坏蛋，但我们的观点往往是错误的，因为人并不是在脸上写满了我是好人，我是坏人。

单纯的人会以眼前的一点小事而断定这个人是多么友好、多么善于帮助别人，但实际上，那只不过是一种表面上的吹捧。

第二章

真诚坦然，让关系快速从陌生变信任

善心永驻，才能拥有完美的人生

▌核心提示

善良之人经常造福他人，实质上也是造福自己。"帮助别人，就是帮助自己。"这句话绝不只是简单的因果报应，而是与人交往的根本。

▌高手支招

人世间最宝贵的是什么？雨果说得好："善良。善良是历史中稀有的珍珠，善良的人几乎优于伟大的人。"美国作家马克·吐温称善良是一种世界通用的语言，它可以使盲人"看到"、使聋人"听到"。善良的心像真金一样闪光，像甘露一样纯洁、晶莹。善良的心胸是博大、宽宏的，能包容宇宙万物，造福人类苍生。行善而不求回报的人经常能够得到意料之外的回馈，这是因果循环的自然规律。

中国传统文化历来追求一个"善"字：为人处世，强调心存善意、向善之美；与人交往，讲究与人为善、乐善好施；对己要求，主张独善其身、善心常驻。记得一位名人说过："对众人而言，唯一的权力是法律；对个人而言，唯一的权力是善良。"

关于善良，有这样两则故事发人深省：

故事一：

一场暴风雨过后，成千上万条鱼被卷到一个海滩上，一个小男孩每捡到一条便把它送到大海，他不厌其烦地捡着。

一位恰好路过的老人对他说："你这样，一天也捡不了几条啊。"小男孩一边捡着一边说道："起码我捡到的鱼都得到了新的生命。"一时间，老人为之语塞。

故事二：

在巴西丛林里，一位猎人在射杀一只猎豹时，竟看到那只豹子拖着流出肠子的身躯，爬了半个小时，来到两只幼豹面前，喂了最后一口奶后才倒了下去。看到这一幕，这位猎人流着眼泪折断了猎枪。

如果说前一个故事讲的是善良的圣洁，那后一个故事中猎人的良心发现也不失为一种"善莫大焉"。

心存善良之人，他们的心滚烫、火热，可以驱赶寒冷，横扫阴霾。善意产生善行，同善良的人交往，往往智慧会得到开启，情操会变得高尚，灵魂会变得纯洁，胸怀更加宽阔。

与善良之人相处，不必设防，心底坦然。

一个人只有有了善良的心，才能完善自己的人生。一个人不会因为自己的善心、善行而损失什么，相反，他还会因为他的积德而得到福报。即使是在日常平凡的小事上，善良的人也能以他人的快乐为快乐，以他人的幸福为幸福，在任何时候都不会幸灾乐祸、损人利己。有德之人命系于天，在危难之时总是有惊无险，因祸得福，遇难呈祥。冥冥之中，天佑善良之人。

第二次世界大战中的一天，欧洲盟军最高统帅艾森豪威尔在法国的某地乘车返回总部，参加紧急军事会议。那一天大雪纷飞，天气寒冷，在行驶的路上，艾森豪威尔忽然看到一对法国老夫妇坐在路边，冻得发抖。他立即命令身旁的翻译官下车去询问。一位参谋急忙提醒他说："我们必须按时赶到总部开会，这种事情还是交给当地的警方处理吧。"可是艾森豪威尔坚持说："如果等到警方赶来，这对老夫妇可能早就冻死了！"经过询问，他们才知道这对老夫妇是去巴黎投奔儿子，但是汽车却在中途抛锚了。这里前不着村后不着店，不知如何是好。艾森豪威尔听后立即请他们上车，并特地将老夫妇送到巴黎，然后才赶回总部。

艾森豪威尔根本没有想过行善图报。然而，他的善良却得到了意想不到的回报。原来，那天德国纳粹的狙击手早已预先埋伏在他们的必经之路上，只等他的车一到就立刻实施暗杀行动。如果不是为帮助那对老夫妇而临时改变了行车路线，他恐怕很难躲过那场劫难。假如艾森豪威尔遭到伏击身亡，那么整个第二次世界大战的历史很可能就会因此而改写了。

正因为生命中有了善良，人生才能经常充满喜悦；正因为生命中有了善良，人生才能幸福常在；正因为生命中有了善良，灵魂才能不断升华。善良是生命中的黄金，善良是人性中最为宝贵的生命之光。能够知道别人的痛苦，自己就有良心；能够知道自己的痛苦，就会有善心的存在；若能看到别人和自己的痛苦，就会生出慈悲心！

让善良与生命同在，对于人来讲是莫大的福分。播种善良，才能收藏希望。一个人可以没有让旁人惊羡的姿容，也可以忍受"缺金少银"的日子，但离开了善良，却足以让人生搁浅和褪色。多一些善良、多一些谦让、多一些宽容、多一些理解，让人们在生活中感受到美好和幸福，这是善良的人向往和追求的，也是我们勤劳善良的中华民族所提倡和弘扬的。

关爱他人，才能赢得人心

▍核心提示

如果我们真诚地关爱他人，他人就会真诚地关爱我们。而且，关爱他人的人必定会乐观开朗、积极进取、心胸开阔；反之，则会自我封闭、冷酷无情、自私自利。那么，让我们每人都献出一份爱心，让这个世界充满爱！

▍高手支招

吉拉德是美国公认的销售专家，他独创的一种有节奏、有频率的促销法为商界所称道，现在已被世界500强的许多公司所采用。他在推销汽车的过程中，总不会忘记细致地问清楚用户的联系地址。人尚未出门，"感谢惠顾"的感谢卡片便送到了对方手里。

凡是自己认识的人，吉拉德都将其视为潜在的客户。他每年要给他们寄去12封信函，传送一个销售员的一片关爱。每一次均以不同的设计、色彩和形式投递，信封上不出现与他的行业相关的名称，信函里看不到"请买我的汽车吧"这样的话。据统计，他每月要寄出 1.5 万封这种信函。

在元月份的信函上，出现在客户面前的是喜庆的图案，"恭贺新禧"几个大字格外醒目，落款是"雪佛莱轿车乔伊·吉拉德上"，不提买卖之事，也无其他多余的话。

二月份，通过信函向客户说上一句"请您享受快乐的情人节"，浓浓亲情跃然纸上，令人感动。

"祝您圣巴特利库节快乐!"写在三月份的信函上，让爱尔兰人怦然心动。或许收件人来自波兰、捷克或别的国家，但这无关紧要，关键是吉拉德不忘向他们表示祝愿，时刻将他们记挂在心头。

接下来的有四月、五月、六月……习惯成自然，每当新的一个月开始时，不少客户就会对夫人这样问道："收到吉拉德寄来的信函了吗?"当然，得到的回答都是肯定的。

这样一来，吉拉德的名字一年当中有 12 次机会在愉悦的气氛里走进成千上万的家庭。客户出于感激之情，在打算买汽车时，往往第一个想到的是吉拉德。即使是第二次购车，也还是去找他。

吉拉德深知得人心者得市场，懂得这个世界上没有一次性消费的顾客，而且每一个顾客都是人际关系网中的一个点，都有一个关系群。只要充分利用每一次机会，赢得顾客的心，就一定能成为最后的赢家。

有这样一则感人肺腑的故事：

古代有两位农夫兄弟，他们共同耕种一块土地，粮食丰收后各自分取一半儿。当时，做哥哥的已成婚有子，可弟弟还没有成家，一天晚上，弟弟在想：哥哥结婚并有了孩子，家庭负担重，我应该多接济哥哥一些粮食，于是他起身把自己的一些粮食挪到哥哥的仓库里，在同一个晚上，哥哥却在想：我已经有家，现在有媳妇关心我，将来有孩子照顾我，而弟弟还是单身，他应该为今后多存一些粮食，为此，他起床把许多粮食挪到了弟弟的仓库里。第二天早上他们发现，自己的粮食都没有减少。于是，到了第二天晚上，他们又同样这样做了；第三天晚上也是一样；就在第四天晚上，他们碰了面，这时他们才发现，他们彼此在对方的心中是多么地重要，关爱之情是多么地深沉。

一把坚实的大锁挂在大门上，一根铁杆费了九牛二虎之力，还是无法将它撬开。钥匙来了，它瘦小的身子钻进锁孔，只轻轻一转，大锁就"啪"的一声打开了。铁杆奇怪地问："为什么我费了那么大力气也打不开，而你却轻而易举就把它打开了呢？"

钥匙说："因为我最了解它的心。"每个人的心都像上了锁的大门，任再粗的铁棒也撬不开。唯有关怀，才能把自己变成一把细腻的钥匙，进入别人的心中，了解别人。

其实，社会应该多一点相互的关爱，少一点彼此的仇恨。为什么会有恨呢？根本的原因是眼界狭窄，关爱自己太多，关爱别人太少！真正的快乐幸福是什么？是天下人都幸福快乐！因此，关爱他人吧！从你的身边做起！

　　大连市公交汽车联运公司702路422号双层巴士司机黄志全，在行车途中突然心脏病发作，他在生命的最后一分钟，强忍自己的痛苦，做了三件事：

　　——把巴士缓缓地靠向路边，并用最后的力气拉下了手动刹车闸；

　　——把汽控车门打开，让乘客依次安全地下了车；

　　——将发动机熄灭了，确保了巴士和乘客的安全。

　　黄志全极其艰难地做完了这三件事，然后才趴在方向盘上停止了呼吸。

　　就这样，一名普通而平凡的公交司机，在自己生命的最后一分钟里所做的也许并不惊天动地的三件事，却让现场许多人哭了。至今，人们都记住了黄志全的名字。

2005年印度洋海啸发生后，联合国人道救援事务负责人在随后不久的新闻发布会上说，国际社会对海啸灾区的捐款空前踊跃，承诺捐助额不断上升，总计：政府捐助69.051亿万美元，民间捐助44.661亿万美元，大大超过了联合国在2004年收到的人道援助总额。贫穷的非洲国家向灾区表示慰问并援助；富有的西欧瑞典、挪威两国人民，为受灾国踊跃捐款。

仅民间给海啸受灾国的捐款已经超过 4 亿瑞典克朗。 从国王、首相到企业和私人，都积极投入捐款救助中，媒体更是进行全方位宣传。 与民间的热情捐助相呼应，瑞典政府也捐助了 5.36 亿瑞典克朗。 挪威各界的民间捐款也超过了 2 亿挪威克朗。 挪威政府此前已经向灾区捐款 1 亿挪威克朗。 为什么世界多数国家、不同民族都伸出了关爱之手？其实，这是世界上不同的肤色的人从心底发出的挽救生命的呐喊！爱是人类的本性，关爱他人就是关爱我们自己！

乐于付出，把奉献当作一种快乐

▌核心提示

你要相信，每个人与生俱来就有成为成功者的本质，只要迈出那奉献的一步，你就能扭转自己的人生，就算一时看不到成果，但以后必定能使你走向成功。

▌高手支招

奉献，如同清晨初升的太阳，山间流动的清泉，宽广无边的田野，奔腾不息的大海。它能使不可能成为可能，使世界变得更加美好。

奉献的同时也是收获，如果你播种了奉献的种子，那么，奉献之果必会循环回报给你。而且，你奉献的越多，得到的就越多，它能使你的财富增值。

只要我们将自己的真情奉献给他人，爱对我们而言便是随手可得的。我们将爱给予他人，我们会因此得到更多的爱。

生活中有很多人在无私奉献，用大多数人的话说，他们在干吃亏的"买卖"，但就是这种"吃亏"的奉献精神却为自己谋来了不可估量的巨大精神财富和物质财富。

一个人如果能够不断地独善其身并兼济天下，那他就明白了人生的真谛，那种精神不是金钱、名誉、赞美所能比拟的。只有拥有奉献精神的人才会取得真正的成功，而奉献也正是一个人成功价值的最好表现。下面，让我们先来看看这样一个故事。

传说，有一位公主身患重病，危在旦夕。国王公告天下，谁要是能治好公主的病，不仅将公主嫁给他，还立他为王位继承人。有住在远方的兄弟三人，老大用他的千里眼看到了这个公告，老二有日行千里的飞毯，而老三有一颗包治百病的苹果。于是，兄弟三人坐飞毯来到皇宫，合力治好了公主的病。

到了论功行赏时，国王犯难了，因为救公主这件事，兄弟三人都有功劳，但公主只有一个，把她嫁给谁好呢？经过反复思考，最后国王决定把老三招为驸马。国王的理由是，老大的千里眼、老二的飞毯用过一次后，东西还在，而老三仅有的一个苹果被公主吃掉后，就不复存在了。

国王的决定应该说是合理的，因为奉献越多，收获越大。苹果只有一个，只有懂得奉献的人，才是最能发挥它价值的人。

下面同样是一个很有意思的故事。

在某公司，曾有一批同年被录用的大学毕业生，他们都被安排在销售第一线。销售员是按比例提成的，这一批毕业生都使出了各自的看家本领，最后领到的奖金也都差不多。几年后，公司销售部经理被提拔到决策层，那么，谁来担任新的销售部经理呢？就在大家互相猜测时，公司召集所有的销售员开会，并推荐小刘作候选人，征求大家的意见。小刘的业绩与其他同事相比并不是最突出的，但小刘曾两次配合公司工作，主动把自己开拓出来的市场让给两位同事，使两个长期分居的家庭得以团聚，也使公司的销售员队伍得以稳定。当公司负责人将这一点公之于众时，不仅那两位同事心服口服，其他同事也拍手鼓掌，百分之百通过。

在我们日常的工作中，很多人都是在政策允许的范围内尽可能地为自己争取利益，这是无可厚非的。但是对于一个胸怀大志者来说，他往往更具全局观念，在关键时，总比别人付出得多一些，做得更好一些。他不一定刻意为之，但早晚一定会被领导和同事们看到；他不一定总是能像故事中的老三和小刘那样得到最好的回报，但只要他能坚守这种奉献精神，就一定会遇到赏识他的人。

你怎样对待世界，世界也将怎样对待你。只有走入人心灵的深处，才能真正体会心灵的美好；只有懂得奉献与付出的人，才能感受关怀、获得幸福。

有一首歌唱得好："只要人人都献出一点爱，世界将变成美好的人间。"是啊，如果人人都能献出一点爱的话，那么，世界还愁变不成美好的人间吗？

奉献经常使人创造奇迹。因为这种奉献精神可以让人达到新的人生高度。有了不怕付出、乐于奉献的精神，就可以激发出让人难以置信的能力，从而改写一个人的命运，甚至使一个身无分文的人成为传奇人物。

1933年，经济危机笼罩着整个美国，大小企业纷纷破产，有些尚存的企业也是如履薄冰，小心翼翼。而就在这危机重重的时刻，哈里逊纺织公司发生了一起大火灾，整个工厂沦为一片废墟。3000多名员工回到家里，悲观地等待着老板宣布破产和失业风暴的来临。

在漫长的等待中，老板的第一封信到了。信中没提任何条件，只通知大家在每月发薪水的那天，照常去公司领取这个月的薪金。

在整个美国一片萧条的时候，能有这样的消息传来，员工们大感意外，他们纷纷写信向老板表示感谢。老板亚伦·傅斯告诉他们，公司虽然损失惨重，但员工们更苦、没有工资，他们就无法生活。所以，只要他能弄到一分钱，也要发给员工。

3000名员工一个月的薪水该是多么大的一笔款项呀！纺织公司已经化成一片废墟，别说是处在经济萧条时期，就是在经济上升时期也很难恢复元气。既然恢复无望，亚伦·博斯还要自掏腰包给已经没有工作的工人发工资，那不是愚蠢的行为吗？当时，曾有人劝博斯，你又不是慈善机构，也不是福利机构，这时候，你不赶紧一走了之，却还犯傻给工人发工资，真是疯了。

一个月后，正当员工们为下个月的生计犯愁时，他们又收到老板的第二封信，信上说再支付员工一个月的薪水。

员工们接到信后，不再是意外和惊喜，而是感动得热泪盈眶。在失业席卷全国、人人生计无着、上着班都拿不到工资的时候，能得到如此的照顾，谁能不感念老板的仁慈与善良呢？

第二天，员工们陆续走进公司，自发地清理废墟，擦洗机器，还有一些主动去南方联系中断的货源，寻找好的合作伙伴。

三个月后，哈里逊公司重新运转了起来，这简直就是一个奇迹。这个奇迹是由员工们使出浑身解数，恨不得每天 24 小时全用在工作上，日夜不停地奋斗创造出来的。

就这样，亚伦·博斯用他的奉献精神，使自己的事业起死回生，然后又蒸蒸日上。现在，这个公司已经成为美国最大的纺织公司，分公司遍布五大洲 60 多个国家。

奉献的同时也会收获，如果你能予人以所能给予的，那么，他也必将获得意想不到的收获。"奉献"在你与他人之间不停地循环运转，使所有人都得到你的"奉献"的实惠，奉献之果必会循环回报给你。

凡是真正的成功者，都是乐于奉献的人，他的一切作为都不存私心，只求竭尽全力做好。钢铁大王卡内基，把自己一生的资产都捐给了图书馆；老一代"捐钱大王"洛克菲勒，把赚到的钱通过设立基金会和建造大学的形式都散了出去；香港著名企业家李嘉诚，十几年来他几乎每年都向内地捐助 1 亿港元以上的资金，帮助祖国举办公益事业……

这些世界级的富翁都有伟大的奉献精神，他们用奉献表现出了自己的成功价值，使国家、世界都受益。透过无私的奉献，他们得到的是恒久的成就感。这样的人才是真正的成功者。

在生活中，我们每个人都可以奉献爱心。当别人遇到了困难，你要伸出援助之手去帮助他，哪怕只是微薄之力也好，也会有很大的意义。因为这可能会让他感到人间的温暖，重新充满对人生的希望。千万不要袖手旁观，要知道，一句暖人心扉的话，一份富有爱心的赠予，都是奉献。它不在多少，而在于你做了没有。

远离虚伪,保持真诚的本色

真诚是人类最重要的美德,也是人与人沟通交流的重要原则,它是基础,也是关键。因为我们不是生活在真空里,所以我们要用心做与周围的人相处的桥梁。

■ 高手支招

人生的舞台上最重要的信条之一便是真诚。 我们呼唤真诚,大力宣传"做人要做老实人"的口号,并非没有缘由。然而在现实生活中,要做到真诚却不是那么容易,因为人与人之间关系复杂,每一个人都有"自我"的两面性,即一个是经过包装的"外在自我",一个是没有经过包装的"内在自我"。 两者都具有适应社会的双重属性,是矛盾的统一体,但不可回避的是:"外在自我"带有虚假性和伪装性,"内在自我"则是一种纯真,是人性中本性的表现。

《韩非子》中说："巧诈不如拙诚。"巧诈可能一时得逞，但时间一久，就露馅了；相反，拙诚是指诚心地做事，诚心地交友，尽可能在言行中表现出真诚，时间长了就会赢得大多数人的爱戴。

也就是说，在为人处世中，要想赢得友谊，就必须付出真情，要用你的真情打动周围的每一个人。

其实，对周围的人付出真诚，并不需要花你很多的时间或是让你付出太多的精力，有时你只需静静地做一名听众，倾听对方的诉说即可，这样也会给你带来好人缘。

有一位女士，定期去一家美容店做美容。店里的一名美容师向她倾诉婚姻的不幸，并问她自己是否该离婚。这位女士并不熟悉她的家庭，也不能胡乱替她拿主意，所以每次美容师问她，她就反问一句："你看该怎么办？"美容师就认真考虑一下，然后说出自己的想法。

不久，这位女士收到了美容师的鲜花和感谢信。一年以后，又收到美容师的一封信，说她的婚姻已十分美满，非常感谢这位女士的好意。

事实上，这位女士什么主意也没替她出，只是以真诚的态度以及足够的耐心和冷静感染了美容师，给了她整理自己思绪的时间和机会，使她从非理智转变到理智中来，找到了解决问题的方法。这位女士就这样"轻而易举"地获得了对方的谢意和友谊。

在为人处世中，你对别人真诚，别人对你也就真诚。在这方面，唐太宗为我们树立了典范。

有一位臣子向唐太宗上奏："君王应远离佞臣。"唐太宗觉得奇怪，于是问："谁是佞臣？"臣子回答："臣并没有说是谁，但是有辨别的方法可以供陛下参考。陛下可以在群臣面前装出很生气的样子，来试一试群臣，要是能够始终遵守道理，不屈服于陛下的就是刚直之臣；如果害怕陛下盛怒，而违背自己的心愿，心不甘情不愿地遵从陛下，就可以说是佞臣。"但是唐太宗并不采纳他的意见，说："水源清澈时，水流也会清澈。为君之人做出欺骗的行为，又如何要求臣子正直呢？朕只是诚心诚意地想治理好天下而已。"

唐太宗的意思十分明确，上任诚，下用情，这好比水一样，水源清，水流也清。

爱特·威廉是一位大商人，但他的成功竟然是别人馈赠的。这是怎么回事呢？爱特·威廉二十岁的时候，还是个整日守在河边打鱼的年轻人，天地十分狭小，根本看不出他的将来会有什么辉煌的成就。一天，一位过河人求助于威廉。原来，过河人的一枚戒指不慎掉进了河里。过河人很着急，请威廉帮他到水里摸一摸。谁曾想到，威廉一个上午竟然别的什么也没干，反反复复一连扎到水下二十几次，当他一无所获的时候，他请全村的男人帮忙一起寻找。而且，威廉一点都没有提报酬的事，他只是想为过河人解决难题。不久，过河人出于感动，送给他一个在路边修补汽车轮胎的活儿。

有一天，一辆小车停在威廉的小店前，车上人要找一颗很不值钱但又很特别的螺丝钉，否则车无法行驶。威廉翻遍了自己的小店，没有找到，于是他骑上自行车，赶了六七里路，在另一家修车店找到了。当威廉满头大汗返回，并将那颗螺丝钉安装在对方的车上时，他却一分钱也不肯收。威廉真是太让人感动了。不久，这辆小车的主人特地赶来，给了威廉一个五金店让他代理经营。为什么威廉能够一次次获得别人的馈赠呢？就是因为他的真诚，是他做事认真诚恳的态度，是他不计回报的付出。

在人与人的沟通与交流中，如果能够更多地以本来的"内在自我"真诚地与人交往，将会起到长久的效果。现实社会中的每一个人的外在形象，往往都被自身的社会地位、家庭背景、工作职位、学识高低等包裹着。由于有这层外在的包装，也就使人与人之间的交流与沟通产生了距离，但是撕开这层包装，人与人之间除了性格之外，在人格、尊严、生存需求等方面都是同等的、无差异的，如果能以这种无差异的"内在自我"与人真诚地沟通与交流，必将获得更多的尊重、信任与信赖。

在风起云涌的 IT 行业，有这么一个令人瞩目的人物：他曾经是一个微软的普通程序员，却因为一个"异想天开"的创意引起了高层注意，成长为身家上千万的中国区总裁。2004年，他又就任盛大总裁一职，创造了身价4个亿的神话。这位从江苏常州的贫寒子弟到"天价"经理的人就是——唐骏，当媒体问他："你为什么成功"时，他做出了最好的回答："中国人最怕的是被感动。如果你感动了他，那么，他会为你赴汤蹈火。这是中国人的性格。"当他用真诚感动了同事、家人、上司、竞争对手、社会大众……他梦想中的成功，怎么会不随之而来？

　　做人真诚不仅是理念，而且也是经验。它不只是挂在嘴上说说，还需要用心对待。真诚会让生活非常坦然，谎言会让人坐立不安。俗话说："天下没有揭不穿的谎言。"因此，不要让真诚成为一种迷惑对方的手段，不要自以为很聪明、很高明，把别人都当成智障，说谎实际上是一种愚蠢至极的行为，是搬起石头砸自己的脚。在现实生活中，我们都需要与人真诚相处，朋友之间需要真诚，合作伙伴之间需要真诚，恋人、夫妻间更需要真诚相待。我想很少有人喜欢听谎言，愿意生活在谎言之中，要知道，哪怕是善意的谎言，也会给对方以伤害，谎言犹如一把双刃剑，伤人害己，这些最简单、最朴素的道理，是否非要等到自食恶果时才能明白呢？
　　真诚是可贵的，虚伪是可怕的，没有了真诚，这个世界除了污秽就是虚伪。因此，做人千万别失了真诚，因为真诚还没有发现替代品，人生的历程亦是不可以重来的，越是珍惜的东西也越是脆弱，越是容易失去。所以，真诚更显无比珍贵，一旦玷污就很难还其清白。

诚实守信，欺骗别人就等于欺骗自己

▌核心提示

　　诚实不但是一种美德，而且它还可能使你有意想不到的收获。诚实是做人的根本，不诚实的人不能信任，更不能被委以重任。

▌高手支招

　　著名的美国总统林肯有段名言：你可以在某一时刻欺骗所有的人，也可以在所有的时刻欺骗某一些人，但你永远也不可能在所有的时刻欺骗所有的人。

　　欺骗就像未感光的胶片一样，只要见一丁点光就会全部作废。欺骗只要被一个人识破，世人便都识破了它。欺骗对自己的蒙蔽与伤害，远胜于他人。

　　一个人要想在某方面成功，他不需要说谎，不需要利用别人，只要言行一致，虚怀若谷，贯彻正确的人生观，脚踏实地干下去就行了。而心灵一旦丢掉了良知和责任，天堂瞬间就变成了地狱。

　　诚实是财富，我们无法想象与一个满嘴假话的人生活在一起的情形。同样，我们每个人要想拥有别人的真诚，就必须先守住自己做人的根本——诚实。在商品经济高度发展的今天，许多人经受不住金钱的诱惑，诈骗他人，不择手段地达到个人的目的。在他们腰包鼓起来的同时，是否感受到了一个人的悲哀呢？答案想必是肯定的，因为他们已经失去了做人的根本。

　　在这里，给大家讲一则寓言故事：

　　　　从前，有一位贤明而受人爱戴的国王，把国家治理得井井有条，人民安居乐业。国王的年纪逐渐大了，但膝下并无子女，这件事让国王很伤心。终于，他决定在全国范围内挑选一个孩子收为义子，培养其成为自己的接班人。

　　　　国王选子的标准很独特，他给孩子们每人发一些花种子，宣布谁如果用这些种子培育出最美丽的花朵，那么，谁就成为他的义子。

　　　　孩子们领回种子后，开始了精心的培育，从早到晚浇水、施肥、松土，谁都希望自己能够成为幸运者。

　　　　有个叫雄日的男孩，也整天用心地培育花种。但是十天过去了，半个月过去了，一个月过去了，花盆里的种子连芽都没冒出来，更别说开花了。

　　　　苦恼的雄日去请教母亲，母亲建议他把土换一换，但依然无效，母子俩束手无策。

国王决定的观花日子到了。无数个穿着漂亮衣裳的孩子涌上街头，他们各自捧着盛开鲜花的花盆，用期盼的目光看着缓缓巡视的国王。国王环视着争奇斗艳的花朵与精神焕发的孩子们，并没有像大家想象中的那样高兴。

忽然，国王看见了端着空花盆的雄日。他无精打采地站在那里，眼角还有泪花。国王把他叫到跟前，问他："你为什么端着空花盆呢?"雄日把自己如何精心侍弄，但花种怎么也不发芽的经过说了一遍，还说，他想这是报应，因为他曾在别人的花园中偷过一个苹果吃。没想到，国王的脸上却露出了最开心的笑容，他把雄日抱了起来，高声地说："孩子，我找的就是你!"

"为什么是这样?"大家不解地问国王。

国王说："我发下的花种全部是煮过的，根本不可能发芽开花。"捧着鲜花的孩子们都低下了头，因为他们全都是另找种子种下的。

上面的故事可以说明，诚实才是为人处世的基本原则，一个歪曲事实、隐瞒真相的人终究是要败露的。有一句古老的谚语："一个人讲了一个谎言，就不得不讲更多的谎言。"

欺骗别人就是欺骗自己，欺骗自己的结局是害了自己。就像《伊索寓言》里"狼来了"的故事中的牧羊人一样：

有一个牧羊人每天去森林里放羊，他孤单得要命，总想找个法子使自己开心。一天，他突然大叫起来："狼来了，狼来了，快来救我呀！"在附近田里干活的农民放下手中的活儿，赶紧拿着棍子跑来。见到这种情况，牧羊人哈哈大笑，说道："狼已跑了。"第二天，他又这样叫起来。当农民们又跑来救他时，还是没见到狼，只好回去了。从此以后，牧羊人常常以此取乐。有一天，真的来了一只狼，牧羊人开始大声呼救起来，但没有任何人赶来帮忙。因为大家都以为，他是在像平常那样欺骗大家。最后，牧羊人被狼吃掉了。

古往今来，凡在学识上有成就的人，无不是诚实的。爱因斯坦小时候学习成绩就很差，但是他却勇于提出一些看似愚蠢的问题；马克思对历史、哲学和政治经济学的研究工作始终实事求是，为我们诚实做学问树立了光辉的榜样，但眼下如何呢？学生中有的抄作业，有的考试作弊；大人们尔虞我诈，朋友之间都可以相互欺骗，甚至有人通过骗感情来达到骗钱的目的。这些人是否感到可悲呢？

诚实，是中华民族的传统美德，它造就了一代代炎黄子孙。在今天，它应是我们做人的根本、处世的原则和求知唯一的途径，哪个不诚实的人能获得永远的财富呢？作为一个诚实的人，即使没有物质财富，但起码可以做一个精神上的富有者！

可是，随着社会越来越进步，经济越来越发达，诚实守信反而在人们心中变得越来越淡薄，这不能不说是社会的悲哀。说话出尔反尔，尔虞我诈成为一些人炫耀自己精明的资本，而那些"刻板地"奉行诚信原则的人却常常被人讥笑为智障。

其实，奉守诚信的原则是做人之根本，只有做到了讲诚实、讲信用，才能真正做到问心无愧。

没有一个人希望自己被骗，可是希望别人不骗自己的同时最好不要去骗别人。要从自身的点滴做起，慢慢地会感染你身边的人。每个"刻板地"奉行诚信的原则的人身边都会有许多真诚的朋友，只有心存诚实，做事讲信用，才能感受到真情，得到别人的尊重。

诚信既是一种无形的力量，也是一种无形的财富。诚信立业，诚信致富。大凡成功的商人，成功的企业家，在创业之初，都需要经受诚信的考验。诚信支撑着生意越做越大，支撑着企业规模越来越大，实力越来越强。

世界船王包玉刚把讲信用看作企业经营的根本。他认为，纸上的合同可以撕毁，但签订在心上的合同是撕毁不了的，人与人之间的友谊应该建立在相互信任的基础上。

在包玉刚的经商生涯中，他奉行的是"言必信，行必果"，由此，他为自己树立了良好信誉，从而获得了银行的信赖，为企业的发展获得了坚强的资金支持。

20世纪70年代，包玉刚决定进军房地产业。房地产行业是风险与利润并存的行业，尽管利润较高，但是，风险也是相当大的。

1979年，包玉刚看准时机，决定收购当时属于英国人的九龙仓。他与李嘉诚达成君子协议，他不干预李嘉诚收购和记黄埔，李嘉诚则不干预他收购九龙仓。然后，包玉刚开始在二级市场上大量买进九龙仓股票，没多久，英国人发觉股票出现异常波动，为了防止九龙仓被收购，赶紧采取了反收购的办法，调集许多资金把九龙仓的股价越炒越高。

最后，包玉刚还需要30亿港元的资金才能实现收购控股的计划。原九龙仓的几个英国大股东认为，包玉刚已经没有资金了，30亿港元对他来说完全不可能筹集到，因此，包玉刚根本不可能再收购九龙仓了。当时，包玉刚自己也对媒体记者说，现在的股价太高，收购太困难了，自己暂时想出去玩玩。接着，他真的坐飞机离开香港去欧洲休假。从周一到周五，媒体一直追踪报道包玉刚的游玩信息。大家都认为包玉刚已经放弃了收购计划。但是，在周六和周日两天，包玉刚却不知去向了。

到了周一，包玉刚带着30亿港元资金又杀回了香港股市，一举收购了九龙仓，成为九龙仓第一大股东，顺利实现了收购控股计划。

原来，在"失踪"的那两天里，包玉刚分别请了几个银行家吃饭，凭借自己的信誉，轻轻松松地获得了这些银行家的贷款。正是长期建立起来的诚信，让包玉刚在这场收购大战中获得了胜利。

香港首富李嘉诚说："有了信誉，自然就会有财路，这是必须具备的商业道德。就像做人一样，忠诚、有义气，对于自己说出的每一句话、做出的每一个承诺，一定要牢牢记在心里，并且一定要保证做到。当你建立了良好的信誉后，成功、利润便会随之而来。"李嘉诚不仅是财富超人，而且还被誉为诚信超人。

李嘉诚在创业初期，资金极为有限。一次，一位外商希望大量订货，但他提出需要富裕的厂商作保。李嘉诚努力跑了好几天，仍一无着落，但他并没有捏造事实，或是含糊其词，而是据实以告。那位外商深为他的诚信所感动，对他十分信赖，说："从阁下言谈之中看出，你是一位诚实君子。既然是这样，那就不用其他厂商作保了，现在我们就签约吧。"

面对这样一个好机会，而李嘉诚感动之余还是说："先生，蒙你如此信任，我不胜荣幸。但我还是不能和你签约，因为我的资金真的有限。"外商听了，极佩服他的为人，不但与之签约，还预付了货款。这笔生意使李嘉诚赚了一笔可观的钱，为以后的发展奠定了基础。由此，李嘉诚也悟出了"坦诚第一，以诚待人"的道理，并"刻板地"奉行诚信的原则，最终获得了巨大成功。

对于上面提到的两位家喻户晓的名人来说，他们深深懂得诚信的含义，他们"刻板地"奉行诚信的原则，因此，诚信给他们带来了无穷的财富。

其实，每个人在生活中都会遇到"诚信"或"不诚信"的事。诚信带给人愉快的感觉，使人和人的关系变得亲切、融洽；相反，不诚信会给我们带来失望、伤害，甚至是仇恨。所以，一个不讲诚信的人，不会是一个向上、自信的人，当然，缺乏诚信的社会也不会是文明、和谐的社会。我国有句俗语叫"诚信是金"，说的是做人讲诚信，就像金子一样宝贵。自古以来，言行一致、表里如一、实事求是、讲究信誉就是人们追求的品格和德行。

尊重自己，切忌"趋炎附势"

▌核心提示

为人要正派，不要趋炎附势、充当墙头草，因为那样做人会失去尊严，丧失自身的价值。

▌高手支招

面对剧变的社会，面对纷繁的生活，许多人感到人际关系变得越来越复杂，为人处世也变得越来越难。实际上，做人只要保持自己平和的心态，坚守自己的道德底线，仍然会受到人们的钦佩。趋炎附势、奴颜媚骨、阿谀奉承者最为人所不齿，活在世上谁都瞧不起。

当今社会，趋炎附势的人多，避世的人多，敢于直面丑恶并与之斗争的人少。有的人遇到有利可图的事，就削尖脑袋往里钻；有钱、有权、有势的人周围，天天都有趋炎附势的人聚集一堂，都是怀着一个"贪"字有求而来。所以，如此以利益为驱动的人际交往不可能有真情，因而出现了"富居深山有远亲，贫在闹市无人问"，即所谓世态炎凉是不足为奇的。

每个人都有欲望，也许有时你会为了得到提拔而绞尽脑汁地在领导面前表现自己的才能，也许有时你会对繁华的物质世界产生强烈的占有欲。或许，你也知道这些欲望的产生对你来说不是一件好事，但是由于终日忙忙碌碌而根本无暇思索这一切。但是，当你能够静静地待一会儿时，不妨抓住这个机会，好好地反思一下自己的人生，你会感到一种从未有过的心灵的宁静。既然你不能摆脱尘世，那么，你就应当学会经常反思人生，始终给自己的心灵保留一块净土。

　　权势名利是在现实生活中必然会遇到的，但的确还有许多人在权力、金钱面前依然保持高洁，不因权力而贪污，不因金钱而堕落，他们有人格、有原则，出淤泥而不染，视权势如浮云，即所谓"富贵不能淫"。例如中国古代四大名著之一的《红楼梦》的作者——曹雪芹，他不仅在文坛上享有盛誉，而且在人格魅力上也同样令人敬佩。

　　曹雪芹一生从不趋炎附势，而且对那些谄媚取宠的人十分憎厌。在都统老爷五十大寿的酒席宴上，他送去两坛水做的酒和一副对联。对联上写着"朋友之交，淡淡如水"。这是极具讽刺意味的礼物，他讽刺了都统老爷和客人们的虚伪。他们所谓的交情只不过是装出来的，是表面上的，他们的友情就像清水一样淡。由此看来，曹雪芹的人格实在令我们折服。

　　在现代社会，维护自尊才是人的本能与天性，我们要活在自己的尊严里。尊重自己，就要尊重自己的生命与价值。也许有些人认为，做人只有会"趋炎附势"才算圆滑，才算精明，才能获取最大的利益。但是，只有懂得尊重自己的人格的人，才能称得上是一个真正的人，才能真正实现自我的价值。

一次，法国电影明星洛伊德将车开到检修站，一个女工接待了他。她熟练灵巧的双手和美丽的容貌一下子吸引了他。

　　整个法国都知道他，但这位女工却丝毫不表示惊异和兴奋。

　　"您喜欢看电影吗?"他禁不住问道。

　　"当然喜欢，我是个影迷。"

　　她手脚麻利，很快修好了车："您可以开走了，先生。"

　　他却依依不舍："小姐，您可以陪我去兜兜风吗?"

　　"不! 我还有工作。"

　　"这同样也是您的工作，您修的车，最好亲自检验一下。"

　　"好吧，是您开还是我开?"女工问道。

　　"当然是我开，是我邀请您的嘛。"

　　车行驶得很好。女工问道："看来没有什么问题，请让我下车好吗?"

　　"怎么，您不想再陪一陪我了? 我再问您一遍，您喜欢看电影吗?"洛伊德问道。

　　"我回答过了，喜欢，而且是个影迷。"

　　"您不认识我?"

　　"怎么不认识，您一来我就认出您是影帝阿历克斯·洛伊德。"

　　"既然如此，您为何这样冷淡?"

　　"不! 您错了，我没有冷淡，只是没有像别的女孩子那样狂热。您有您的成就，我有我的工作。您来修车，就是我的顾客。如果您不再是明星了，再来修车，我也会一样地接待您。人与人之间不应该是这样吗？"

洛伊德沉默了。在这个普通女工面前，他感到自己是如此地浅薄与虚妄。

洛伊德最后很有礼貌地对那位女工说："小姐，谢谢！您使我想到应该认真反省一下自己的价值。好，现在让我送您回去。"

一个人能否受到别人的尊敬，并不是由他所处的地位和工作决定的。这位普通女工之所以能赢得对方的尊重，就是因为她重视自己的工作与价值。那些所谓的"大人物"之所以高大，是因为你自己在跪着，你仰慕他们头上的光环，却忽略了自己的生活与价值。

庄子曾说过："不为轩冕肆志，不为穷约趋俗，其乐彼与此同，故无忧而已矣。"这句话的大意是说：那些不追求官爵的人，不会因为高官厚禄而沾沾自喜，也不会因为穷困潦倒、前途无望而趋炎附势、随波逐流，所以，他也就无所谓忧愁了。庄子主张"至誉无誉"，在他看来，最大的荣誉就是没有荣誉。他把荣誉看得很淡，他认为，名誉、地位、声望都算不了什么。尽管庄子的"无欲""无誉"观有许多偏激之处，但是当我们为官爵所累、为金钱所累的时候，何不从庄子的哲理中发掘一点值得效法和借鉴的东西呢？

心中有爱,勇敢打破冷漠的心墙

核心提示

　　人活在世上，最重要的不是被爱，而是要懂得去爱别人，因为只有会爱人的人才会被人爱。请将你冷漠的心墙推开，让友谊和温情的阳光进来。因为我们的成功喜悦需要有人分享，我们的痛苦哀伤需要有人分担。只有拥有了真心的朋友，我们的人生才不会孤单。

高手支招

　　20 世纪 30 年代，一位犹太传教士每天早晨总是按时到一条乡间土路上散步。无论见到任何人，总是热情地打一声招呼："早安"。

　　其中，有一个叫米勒的年轻农民，对传教士的这声问候，起初反应冷漠，在当时，当地的居民对传教士和犹太人的态度是很不友好的。然而，年轻人的冷漠未曾改变传教士的热情，每天早上，他仍然给这个一脸冷漠的年轻人道了一声早安。终于有一天，这个年轻人脱下帽子，也向传教士道了一声："早安。"

好几年过去了，纳粹党上台执政。

这一天，传教士与村中所有的人都被纳粹党集中起来，送往集中营。在下火车、列队前行的时候，有一个手拿指挥棒的指挥官，在前面挥动着棒子，叫道："左，右。"被指向左边的是死路一条，被指向右边的则还有生还的机会。

传教士的名字被这位指挥官点到了，他浑身颤抖，走上前去。当他无望地抬起头来，眼睛一下子和指挥官的眼睛相遇了。

传教士习惯地脱口而出："早安，米勒先生。"

米勒先生虽然没有过多的表情变化，但仍禁不住还了一句问候："早安。"声音低得只有他们两人才能听到。最后的结果是：传教士被指向了右边。

热情的力量如此伟大，它能让你取得奇迹！像这位传教士一样，他对人的关爱感动了无情的纳粹分子，得到了生存的机会。

然而，你若没有爱心，你的世界则会阴暗如黑夜，你对生活的积极性也会远不如以前，你会感到空虚和无聊，你会对你身边发生的一切视而不见。爱心会让你活得更加愉快，而冷漠恰恰相反，它只会指引你通向寂寞。

作为人性的一大弱点，冷漠是最容易被忽视的，因为你并不知道冷漠对你的影响如此之大。冷漠让你孤独地过活，让你在别人眼中如同僵尸一样。至此，我想你已经决心改掉冷漠，希望自己变成一个充满爱心的人。

我们每个人都有被别人尊重和关心的需要，这是我们心理最基本的需求之一。无论你取得什么样的成功，如果没有人来与你分享，对你关心，那你所取得的成绩毫无意义，你终将郁郁而终。

沃伦·巴菲特就曾经是个冷漠至极的人，他对金钱过于追求，认为付出爱心远不如去挣1毛钱有用。他是个对金钱和经济比较敏感的人，后来取得了巨大的商业成功，可是到头来，他仍然感到寂寞和空虚，因为他之前对社会和朋友、家人缺少关爱，以至于没有几个人愿意关心他的成就，别人只是关心与他之间在商业上的利益。

他感到孤寂和无聊，他的头发都掉光了，全身发肿！沃伦·巴菲特终于意识到正是自己的冷漠带给他无尽的痛苦，最终，他决定把他99%的财产奉献给社会，来弥补他冷漠的过去。现在，他怎么样呢？容光焕发，每天享受和人之间互相关爱的乐趣。

社会是人与人公平生存的社会，如果你不付出爱心，将很难收获别人的关爱，因为那些不断付出爱心的人会联合在一起。为什么传教士保住了自己的生命？为什么沃伦·巴菲特最终选择付出而不是继续追求财富？因为他们打破了冷漠的心墙，付出了爱心，让别人得到的是一片温暖的天空。但如果只考虑自己，就不可能得到一个完整的世界。

改掉冷漠的最大困难，是身体里的冷漠态度已经根深蒂固，所以，应该有意识地提醒自己改掉冷漠态度。 态度会影响你的事业和生活的成功，你必须勇敢打破冷漠的心墙。 当你不情愿主动与他人交流的时候，肯定是一副冷漠或无所谓的态度，但从今天开始，你必须丢掉这样的态度，把好的、积极的一面展现出来。

经常与人交流的人往往具有良好的心态和谈话技巧，并且把交流作为一种生活必需，这样的结果必然是不给冷漠任何机会。 为此，我们可以付出爱心给身边的朋友、同事和亲人，或者参加一些社会公益活动。 当我们把爱心付给这些人时，他们也会付给我们同样的爱心。 这样，你们会亲密联系在一起，从此，你不会再感到孤独和空虚。

第三章
谦逊低调，打造让自己受欢迎的亲和力

拒绝傲慢,拥有谦虚的态度

▌核心提示

　　谦虚不是故意贬低自己，也不是虚伪的应付。谦虚的态度是基于对自己深刻的认识，是发自内心的真诚。无论在什么场合下，只要你谦虚、不傲慢，低调行事，都会赢得别人的尊重和信任。

▌高手支招

　　中国人自古以来就把谦虚作为人生最为可贵与美好的道德之一。所谓谦虚，即虚心而不自满。不自满，便能经常保持一种似乎不足的状态，因而能获得更大的、更多的益处。"满招损，谦受益"，自满将招来祸患，而谦卑则能得到长远的好处。

　　谦卑是一种低姿态，不仅对普通人有用，对处于高位的人更为有用。《易经·谦卦》中说："谦尊而光。"即尊者有谦卑的美德，更能使人光明盛大。但凡有作为的人，常用谦卑来培养自己的道德品格并指导人生的方向。

　　沙皇亚历山大常常到俄国四处巡访。一天，他来到一家乡镇小客栈，为进一步了解民情，他决定徒步旅行。当他穿着没有任何军衔标志的平纹布衣走到了一个三岔路口时，记不清哪条是回客栈的路了。

　　这时，亚历山大看见有个军人站在一家旅馆门口，于是，他走上去问道："朋友，你能告诉我去客栈的路吗？"

　　那军人叼着一支大烟斗，高傲地把这位身着平纹布衣的旅行者上下打量了一番，傲慢地答道："朝右走！"

　　"谢谢！"亚历山大又问道，"请问离客栈还有多远？"

　　"一英里。"那军人傲慢地说，并瞥了他一眼。

　　亚历山大走出几步又停住了，回来微笑着说："请原谅，我可以再问你一个问题吗？如果你允许的话，能告诉我你的军衔是什么吗？"

　　军人猛吸了一口烟说："你猜。"

　　亚历山大风趣地说："中尉？"

　　那烟鬼轻蔑地瞥了亚历山大一眼，意思是说不止中尉。

　　"上尉？"

　　烟鬼摆出一副很了不起的样子说："还要高些。"

　　"那么，你是少校？"

　　"是的！"他高傲地回答。于是，亚历山大敬佩地向他敬了礼。

少校摆出对下级说话的高贵神气，问道："假如你不介意，请问你是什么军衔？"

亚历山大乐呵呵地回答说："你猜！"

"中尉！"

亚历山大摇头说："不是。"

"上尉！"

"也不是！"

少校走近仔细看了看说："没想到你也是少校！"

亚历山大镇静地说："继续猜！"

少校取下烟斗，那副高贵的神气一下子消失了。他用十分尊敬的语气低声说："那么，你是部长或将军！"

"快猜着了。"亚历山大说。

"殿……殿下是陆军元帅吗？"少校结结巴巴地说。

亚历山大说："我的少校，再猜一次吧！"

"皇帝陛下！"少校猛地跪在大帝面前，忙不迭地喊道，"陛下，饶恕我！陛下，饶恕我！"

"饶恕你什么？朋友。"亚历山大笑着说，"你没伤害我，我向你问路，你告诉了我，我还应该感谢你呢！"

亚历山大的谦虚态度，赢得了下级更深的敬佩。低调的人，即使身份显赫也能谦虚地对待周围的朋友，他们平易近人，把自己融入民众当中，也因此得到了大家发自内心的尊重。

一般来说，一个人在事业尚未取得胜利和取得较小胜利的时候，保持谦虚的态度还是比较容易的，而在取得较大胜利或较大成就的时候，继续保持谦虚的态度就困难得多了。 胜利和成就本来是好事，是值得欢欣和庆祝的事，但我们应当清醒地看到，在胜利的激流中，许多时候都暗藏着一堆骄傲的暗礁，如果不警惕，它们往往就会把前进的船只撞碎。 胜利者在取得伟大成就后仍然保持谦虚，这是最大的英明，也是我们从一个胜利走向另一个胜利和立于不败之地的重要保证。 一个真正懂得低调的人，必然是一个谦虚的人，这样的人终将大有作为。

谦和待人，就容易收服人心

▌核心提示

　　低调是发自内心地对别人尊重，是赢得别人认可的最好方法，这不是金钱和地位所能替代的。低调不仅可以使人在为人处世中少走弯路，赢得人心，也为自身将来的发展奠定了良好的人际关系，因此会使人受用无穷。

▌高手支招

　　如果一个有成就的人能够放低自己的姿态，把自己置身于与其他人平等的氛围中，谦卑、礼貌地对待别人，那么便多了一份收复人心的资本，就有可能为自己的事业招揽到更多优秀的人才，还会赢得尊重。只有低调的人才能让人感受到发自内心的诚意和尊重，这不是金钱和地位所能代替的。刘备三顾茅庐以求孔明，信陵君闹市驾车为侯赢，善于用人者越是低调，越是谦和，越容易收服人心、招揽人才，成就一番伟业。

三国时期，皇叔刘备本是一个低层次的小卒，但是他懂得尊重人才，常常放下尊贵的身份，礼贤下士，结交有才能的人。刘备的低调为他聚了人气，收了人心，最终三分天下有其一。他的一生无时无刻不体现出这一点。

　　当时，徐庶因为母亲被曹操接走，不得已离开了刘备。临走时，他向刘备举荐了一位能人，那就是诸葛亮。徐庶和司马徽二人都说诸葛亮很有学识，是一个治国安邦的贤才。于是，刘备就和结义兄弟关羽、张飞带着礼物到隆中（今湖北襄阳市，一说为卧龙岗，位于今河南南阳城西）去请诸葛亮出山。

　　为了请诸葛亮出山，刘备带着关羽和张飞先后拜访了诸葛亮三次，前两次连诸葛亮的人都没见着，无功而返。在第三次拜访的时候，才见到了诸葛亮。刘备发自内心的诚意，以及对诸葛亮所表现出来的尊敬深深打动了诸葛亮，最终，他答应出山辅佐刘备。

　　刘备尊敬名士的态度不仅让他得到了诸葛亮的倾力帮助，同时也帮他获得了大批人才与机会。例如，他折节下交益州名士张松，从而一举平定西川，成就霸业。

　　张松是益州名士，虽然身材矮小、相貌丑陋，但却很有才华，智谋非凡。他本是西川刘璋手下的官员，但早有辅佐明主成就一番大事的雄心，于是暗中画了一幅西川地图，把蜀中的山川险要、府城县乡等重要的地方都一一做了标记，准备寻找明主。

　　刚开始，张松觉得曹操是个很了不起的人物，于是，在一次去许都见曹操的时候就暗中把西川地图带上，准备献给曹操。不料，曹操见张松相貌丑陋，身材矮小，言语无礼，并没有热情接待他。为人傲气的张松见曹操根本不把他放在眼里，就打消了把地图献给曹操的念头。后来，曹操邀请张松前去观看曹军演练。曹操自夸军容鼎盛，问西川是否有这样的军队。张松说，西川没有这般军队，但是他并不示弱，以曹操濮阳攻吕布、宛城战张绣、赤壁遇周郎、华容道逢关羽、割须弃袍于潼关这些败绩来讥讽他。曹操见张松揭了自己的短处，心中自然很不高兴，就下令将张松逐出许都。

受挫而归的张松没有灰心，他转道去了荆州，想投靠刘备。当他刚到荆州边界的时候，便被刘备的高级将领赵云接待，随后刘备的结义兄弟关羽也前来为他设接风宴，这让张松很受感动。之后，刘备带着军师诸葛亮、谋士庞统等人亲自来迎接张松，一连设宴款待了他三天。

刘备的盛情把张松感动了，于是，他铁下心来帮助刘备谋划，还极力劝说刘备去攻取西川，说他愿意做刘备的内应，并把所带的西川地图献给了刘备，还把好友法正、孟达推荐给刘备，说他们德才兼备，可以委以重任。尤其是法正，对刘备以后的事业起到了举足轻重的作用。

在上面的两件事情中可以看出，正是由于刘备为人低调，才聚拢了自己的人气，获得了诸葛亮、张松等人的忠心，使他们甘愿为他流血流汗、鞠躬尽瘁。

放下身架，才能够提高身价

▌核心提示

　　"身架"只是一个人身份、权力的象征，放下你的家庭背景，放下你的身份，做自己应该做的事，走自己应该走的路，这样才能吸收各种各样的资讯，抓到更多的机会，从而不断地进步，走向成功！

▌高手支招

　　低调的人能够放下自己高贵的"身架"，他们的思考富有高度的弹性，不会有刻板的观念，能吸收各种新鲜的事物，丰富自己的头脑和智慧，这是他们最重要的本钱。

　　在生活当中，我们经常看到这样的人，他们因为身处高位便洋洋得意，摆出一副唯我独尊的样子，他们自以为能力很强，做事也比别人强，看不到别人的长处。他们越是这样摆"身架"，挖空心思地想得到别人的崇拜，就越不能达到目的。即使是国王，他之所以受到尊重，也应该是由于他本人的美德，而不是因为国王那些堂而皇之的排场或其他因素。一个真正的低调者绝不会秉承贵族阶层的恶习，他们会主动放下"身架"与社会的各个阶层交往，获知民间的各种情况，加深自己对整个社会的认识，获得人们的普遍尊重和爱戴。

康熙皇帝即位后，为感化汉族知识分子，便颁诏天下，鼓励有才学的明朝知识分子、遗老遗少到朝廷当官。但是，中国的知识分子素来讲气节，因而没几个人愿意应召。

陕西总督推荐关中著名的学者李喁，可是，这个李喁却以有病为由，不肯入京做官。但康熙并不介意，还对他表现出了极大的关注，派官员们不断地看望他，吩咐等他病好后再请入京。

官员们天天来探视，可是李喁卧在床上，十分顽固。于是，这些官员就让人把李喁从家里一直抬到西安，督抚大人亲自到床前劝他进京。可李喁竟以绝食相威胁，还趁人不注意要用佩刀自杀。官员们没办法，只好把这些事情上报康熙。康熙再一次吩咐官员们不要再强人所难。

有一天，康熙西巡西安，让督抚大人转达了自己的意思，说李喁是当代大儒，想要亲自前去拜访他。可李喁却仍声称有病无法接驾。康熙没有因此大发雷霆，反而和颜悦色地表示没有关系。

其实，李喁内心早已臣服于康熙了，只是被虚名所累，还有就是以前的姿态摆得太高，一时没办法下来。

于是，李喁就让儿子带上自己写的几本书去见康熙，向康熙表明态度：他是大明臣民，不能跪拜康熙；而他儿子是大清臣民，可以跪拜康熙，为康熙效力，这样，既保住了自己的脸面，又回应了康熙给他的面子。

康熙召见了李喁的儿子，得知李喁确实有病，也就没有勉强，只是对李喁的儿子说："你的父亲读书守志可谓完节，朕有亲题'志操高洁'匾额并手书诗帖以表彰你父亲的志节。"并告诉地方官对李喁关照有加。

康熙的这个举动深深地打动了读书人的心，那些原本誓死不降清的人，早就没有当初那么顽固了，而那些本已臣服的人，更是乐意为大清朝廷效力。为求得贤才，康熙放下"身架"，给足了别人面子，实际上却抬高了自己的"身价"，为自己捞足了面子。

下面再为大家讲一个故事。一次，英国维多利亚女王与丈夫吵了架，丈夫独自回到卧室，闭门不出。女王回卧室时，只好敲门。

丈夫在里边问："谁?"

维多利亚傲然回答："女王。"

没想到丈夫既不开门，又无声息。她只好再次敲门。

里边又问："谁?"

"维多利亚。"女王回答。

丈夫还是没有动静。女王只得再次敲门。

里边再问："谁?"

女王这次学聪明了，柔声回答："你的妻子。"

这一次，门开了。

自己与其他人的区别是无法用价值来衡量的，依靠抬高"身架"并不能提升"身价"，因为人们只喜欢与自己平等的人交往。所以，身居高位者愈是能够放下身份，愈是能增加在别人心中的分量。

战国时期，有著名的"战国四公子"，其中，魏国的信陵君最为著名。信陵君叫无忌，是魏昭王的小儿子、魏安釐王的异母弟弟。昭王去世后，安釐王即位，封公子为信陵君。信陵君为人仁爱宽厚，礼贤下士，士人无论有无才能，他都谦恭有礼地同他们交往，从来不敢因为自己富贵而轻慢士人。因此，方圆几千里的士人都争相归附于他，招致食客三千人。当时，诸侯各国因信陵君贤德，宾客众多，连续十几年不敢动兵谋犯魏国。

魏国有个叫侯嬴的人，他是大梁城东门的看门人，已经是七十多岁了，家境很贫寒。信陵君听说这个人是个高明的隐士，就派人去拜见，并想送给他一份厚礼。但是，侯嬴不肯接受，说："我几十年来修养品德，坚持操守，我不能因看门贫困的缘故而接受信陵君的财礼。"

信陵君于是就大摆酒席，宴饮宾客。大家来齐坐定之后，信陵君就带着车马以及随从人员，空出车子上的左位，亲自到东城门去迎接侯先生。侯先生整理了一下破旧的衣帽，就径直上了车子，坐在信陵君空出的尊贵座位，丝毫没有谦让的意思，想借此观察一下信陵君的态度。可是，信陵君手握马缰绳，更加恭敬。

于是，侯先生又对信陵君说："我有个朋友在街市的屠宰场，希望委屈一下车马，载我去拜访他。"信陵君立即驾车前往进入街市，侯先生下车去会见他的朋友朱亥。他斜眯缝着眼看信陵君，故意久久地站在那里，同他的朋友聊天，同时暗暗地观察信陵君。但信陵君的脸色更加和悦。

在这个时候，魏国的将军、宰相、宗室大臣以及高朋贵宾坐满堂上，正等着信陵君举杯开宴。街市上的人都看到信陵君手握缰绳替侯先生驾车，信陵君的随从人员都暗自责骂侯先生。侯先生看到信陵君脸色始终不变，才告别朋友上了车。

到家后，信陵君领着侯先生坐到上位上，并向全体宾客介绍了侯先生，满堂宾客无不惊异。大家酒兴正浓时，信陵君站起来，走到侯先生面前为他举杯祝福。侯先生趁机对信陵君说："今天，我侯嬴为难您也够劲了，我只是个城东门抱门插关的人，可是您却亲自在大庭广众之下迎接我。我本不该再去拜访朋友，而今天您竟然特意陪我拜访他。可我也想成就您的名声，所以故意让您的车马久久地停在街市中，借拜访朋友来观察您，结果您更加谦恭。街市上的人都以为我是小人，而认为您是个高尚的人，能礼贤下士啊。"在这次宴会散了后，侯先生便成了信陵君的贵客。

富贵者、当权者本来因为自己高贵的"身架"就容易骄傲，看不起地位不如自己的人。但是，信陵君作为皇族，却能放下"身架"，礼贤下士、虚心受教，获得当时贤士们的普遍尊重和爱戴，从而名扬天下、无人不知。这是信陵君低调处世的大成功。

　　托尔斯泰说："真正身份高贵的人的谈吐总是平易近人，这种谈吐既掩饰了他们对某些事物的无知，也表现了他们良好的风度和宽容。"如果你想在社会上真正地走出一条路来，活出从容快乐的人生，那么你就要放下自己的架子。

平易近人，才能赢得尊敬与爱戴

▌核心提示

平易近人，心系普通之人，这是身居高位之人的可贵之处，也是他们做人做事的大智慧。这种低调的行为既表现了他们高尚的品质，也使他们赢得了人们的尊敬和爱戴。

▌高手支招

低调者即使身居高官显位，手握大权，也能以"大丈夫见义勇为，祸福不足以动摇"自戒，较少考虑个人的进退荣辱。周总理就是这样高尚的人，他一生清贫廉洁，几十年如一日，忠于职守，深察民间疾苦，为百姓做了很多好事，一直为后人所称颂和赞扬。

1954年的一天，周总理收到了来自基层百姓的反映："北京的公共汽车很拥挤，我们普通老百姓坐车很困难。"

总理准备亲自去体验一下，这天下午五点多钟，正是人们下班的时候，周总理对秘书和卫士说："群众反映现在坐公共汽车很拥挤，等车要一两个小时，现在咱们去了解一下情况，你们不要通告保卫部门。"

周总理和秘书、卫士一行三人来到北京图书馆附近的汽车站。周总理发现人确实很多，等大家都上了车，总理才最后上去。车里人很多，已经没有座位，周总理往车里走了走，抓住吊环，汽车开动了。一开始，人们都没有注意。过了几分钟，一位乘客发现了总理："哎呀！这不是周总理吗？"顿时，车里沸腾起来，许多人站起来给总理让座，不少人往他身边挤，有的人还把手伸过来要和总理握手。秘书和卫士都非常着急，怕总理被挤倒。周总理却挥着手，大声说："请坐，请坐！"这时，一位乘客挤过来，握着总理的手激动地说："总理，您那么忙，怎么还来坐公共汽车？"周总理笑着说："我也来体验一下你们的生活嘛！"有的乘客非要让总理坐下，但总理却坚决不肯，一直站着和大家亲切地说着话。总理问他们在哪儿工作，住在哪里，生活怎样，每天上下班坐车要多少时间。车走了几站以后，周总理的秘书和卫士都劝总理下车，他们说："情况就是这样的，总理，我们回去吧！"但总理还要坚持坐下去，下了车以后，总理又上了无轨电车，在寒冷的夜晚走了大半个北京城。

在所有的情况都搞清楚了后，总理很快召集有关部门的同志，让他们研究解决交通拥挤的办法，保证普通百姓的顺利出行。

周总理身居高位，却心系百姓。他关心每个普通人，所以，他才得到了千万人民的爱戴。每个受人民爱戴的伟人，同时又都是"人民的一员"。

　　帕尔梅是国际上颇负盛名的政治家，他在年仅42岁时就出任了瑞典的首相，成为当时欧洲最年轻的首相。此后，他连选连任，一直领导了三届社会民主工人党组阁的政府。在帕尔梅前后长达十一年的执政期间，他为发展瑞典经济，加强瑞典国防和提高瑞典在国际上的地位做出了杰出的贡献。

　　帕尔梅位居一国首相之尊，但他生活十分简朴，平易近人。他曾骄傲地对法国记者说："我真可怜密特朗总统，他没有一点个人自由，他每走一步路，都是由25名警卫人员跟随保护。而我，只有当身边没有一个警卫人员时，才感到最自由自在。"除了正式出访国外或特别重要的外事活动，帕尔梅首相去国内参加任何会议、访问、视察和私人活动时，一向很少带随行人员和保卫人员。

　　有一次，他去参加在美国举行的一个重要国际会议，他没有带任何随行保安人员，竟独自一人乘坐出租汽车去机场。当他走进会场时，人们甚至没有发现他，直到他安静地在插有瑞典国旗的座位上就座时，人们这才恍然大悟，发现了他的光临，并起立鼓掌、热烈欢迎。此外，他还时常独自微服私访，去学校、商店、厂矿、林区视察，找学生、店员、工人谈话，了解情况，听取意见。无论是在竞选的群众集会上、记者招待会上，还是接待国宾的活动中，他给人的印象总是那么谦和、朴实无华。

由于他谈吐文雅，态度诚恳，又没有前呼后拥的威势，因此，普通瑞典老百姓都喜欢同他接触。在一次竞选的群众集会上，他刚讲演完毕，一位退休的老人就拉着他的手，讲述自己对养老金问题的看法，他耐心地听着，一直等到老人讲完，他才点头作答。

另外，帕尔梅还以通信的方式，同国内外许多普通人建立了密切的联系。他在位时，平均每年收到的信件有1.5万封之多，其中1/3来自国外。他专门雇请了4名工作人员及时拆阅、处理和答复这些信件，对于助手们经过仔细斟酌起草的回信，帕尔梅通常要从头至尾亲自过目，然后签发。通过大量的信函，他进一步了解了公众的情绪和要求，并同许多经常给他写信的"笔友"建立了友谊。他甚至还经常提醒工作人员在这些人过生日时给他们寄贺信。有时，在结束各地的演讲回来之后，他会因见到某一位专门给他写信的"笔友"而特别高兴。

帕尔梅经常带家人到法罗岛去度假，他同那里的居民也建立了亲密的关系。小岛上的许多人都认识他。他在那里常常一人骑自行车去小镇上买东西，去海滨游泳或散步，有时还帮助他的房东铡草、喂羊、劈柴。他的房东阿克塞尔说："自从他1963年租借了我的一幢两层小楼作为度假别墅以来，我们就成了好朋友。他每次到岛上来，都同我无话不谈，有时还帮我干些杂活，我们就像是一家人一样。"

帕尔梅虽然位高权重，但他平易近人，心系百姓，亲力亲为，这不仅不能表明他卑微，反而证明了他的高尚。 常怀一颗平凡的心是一种心性，是从卑微处见精神，可谓是"先天下之忧而忧，后天下之乐而乐"。 用低调者这面"怀凡人之心"的镜子一照，多少人的人生不再金碧辉煌，顿时黯然失色！

稳重低调，不要自以为是

▌核心提示

　　人们都不喜欢那些自以为是的人。自以为是将会使与你接触的人们个个感觉头痛，从而对你有一个不良的印象。如果你也不愿意别人这样看待自己，那么，最好的办法就是关注自己的行为，不矫揉造作，不故意炫弄，以此来获得别人的喝彩。

▌高手支招

　　卢梭说："人是生而自由的，却无处不在枷锁之中。自以为是其他一切的主人的人，反而比其他一切更是奴隶。"所以，我们必须低调处世，抛弃自以为是，避免成为人生的"奴隶"。

　　自以为是的人往往都是虚荣心很强的人，虚荣心是人类灵魂深处的魔鬼，让人变得沾沾自喜，误以为自己很了不起，无所不能。可事实上并非如此，"天外有天，人外有人"，太高调地宣传自己、炫耀自己，会把自己变成一个只会自吹自擂，却无真才实学的人。低调者不会自以为是，他们有信心而不自傲，有能力而不自大。如果你也想成为一个成功的人，那么，就要有一种低调的心态，抛弃自以为是、盲目自大的毛病。

　　柯金斯曾经是福特汽车公司的总经理。有一天晚上，公司有个十分紧急的事情，柯金斯要求下属写通告信给所有的营业处。当柯金斯安排一个做书记员的下属去帮助套信封时，那个年轻职员傲慢地说："那有损于我的身份，我可不干！我到公司里来不是做套信封工作的。"柯金斯听后十分愤怒，但是，他平静地对那个年轻职员说："既然做这件事是对你的侮辱，那就请你另谋高就吧！"于是，那个青年一怒之下就离开了福特公司。

　　在之后的好多年里，那个年轻职员仍然是自以为是，听不进去别人的话。所以，他跑了很多地方，换了好多份工作都觉得不满意。一次，那个年轻职员静静地思索这些年的经历，他终于知道了自己的过错。于是，他找到柯金斯，诚挚地说："我在外面经历了许多事情，经历得越多，越觉得我那天的行为错了。因此，我想回到这里工作，您还肯任用我吗？""当然可以，"柯金斯说，"因为你现在已经能听取别人的建议，不自以为是了。"

　　再次进入福特公司后，那个年轻职员变成了一个很谦逊的人，不再因取得了成绩而骄傲自满，并且经常虚心地向别人请教问题。最后，他也成为一个很有名的大富翁。

越是有涵养、稳重的成功人士，越懂得态度低调。只有那些浅薄的、自以为有所成就的人才会骄傲。汽车大王福特曾说："一个人若自以为有许多成就而止步不前，那么，他的失败就在眼前。我见过许多人，他们开始时挣扎奋斗，但在他花费无数血汗、前途稍露曙光后，便自鸣得意，开始松懈，于是，失败立刻追踪而至。跌倒后，再也爬不起来。"美国石油大王洛克菲勒也说："当我从事的石油事业蒸蒸日上时，我每晚睡觉前，总会拍拍自己的额头说：'如今你的成绩还是微乎其微，以后的路途仍会有险阻，若稍一失足，必导致前功尽弃，因此，切勿让自满的意念搅昏你的脑袋。当心！当心！'"这都是在告诫人们不要自以为是。其实，要改正自以为是的态度，并不是一件难事，只要记住：即使名人也是普通的人。

英国首相丘吉尔就是一个不自以为是的人。有一天晚上，丘吉尔应邀到英国 BBC 广播电视台发表一则重要的演说。因为丘吉尔的车子坏了，所以他出门只能搭计程车。丘吉尔一招手，有一部计程车开了过来。

"司机先生，可不可以麻烦您载我到 BBC 广播电台？"丘吉尔客气地说。

计程车司机摇下车窗，伸出头来说："先生，很抱歉，我不能载您去。请您另外招一部计程车吧！"

"为什么呢？难道您不载客了吗？"丘吉尔疑惑地问。

计程车司机很不好意思地回答："不是啦！因为 BBC 广播电台太远了，如果我载您去，那么，我就来不及回家打开收音机，收听丘吉尔的演讲了。"

丘吉尔听了之后，感动地从口袋里掏出五英镑交给司机。司机看到丘吉尔给他那么多钱，一时兴奋地叫着，"先生，上来吧！我载您去 BBC 广播电台吧！"

"那么，您将无法收听到丘吉尔的演讲了！没关系吗？"丘吉尔诧异地问。

计程车司机打开后车门，说了句："去他的丘吉尔，现在您比他的演讲重要多了。"

自那以后，丘吉尔首相每回演讲，他都会讲述这个故事。因为丘吉尔要借机时刻提醒自己：千万不能自以为是。因为，这样是经不起人生考验的，会让自己成为一个只有虚名的名人。

德国作家托马斯·肯比斯说："一个真正伟大的人是从不关注他的名誉高度的。"一个人不要因为自己的一点成就而自以为是，也不要因为贪恋虚荣而自以为是，而要脚踏实地地去干一番事业，通过自己的奋斗创造出属于自己的未来。

随时自省，才能扬长避短

▌核心提示

真正低调的人应该学会随时反省自身，每天都放弃一个过去的我，每天都让一个全新的我诞生。

▌高手支招

人类历史是在不断地自我反省中才得以发展的，没有自我反省就没有发展。学会自我反省就是实事求是地把以前的经验教训总结成一个规律性的东西，从而及时修正我们的错误，寻找更好的方法，这样，成功一定就在不远的地方等着我们。作为一个社会人，要发展、完善自己，必须会自我反省，并且要经常自我反省。

一个老太太多年来不断指责对面那栋楼里的太太很懒惰，她说："那个人的衣服永远洗不干净，你看，她晾在院子里的衣服总是有斑点！"

有一天，一个朋友来到她家，这个老太太又开始埋怨对面那个太太的衣服如何如何的不干净。这时，细心的朋友拿了一块抹布把窗户上的灰渍擦去了，说："你看，这不就干净了吗?"

　　原来，是这个老太太自己家里的窗户太脏了。

　　当你背向太阳的时候，你会只看到自己的身影，连别人看你，也只会看见你脸上阴黑一片。只拿愤世嫉俗来代替反省自己，对自己的成长是一种最大的耽误。有一句话说得好："一个人的成长＝经验＋反思。"一个人或许工作了二十年、三十年，但如果没有反思，也只有一年经验的 20 次或 30 次的机械重复而已。低调者倡导每天都自我反省，思索自己做人、处事的方法是否正确，好给自己以后的行动指明方向，这对低调者的成功有极大的促进。自我反省不是故意要把自己弄得愁眉紧皱，跟自己的大脑过不去，而是要对自身深刻审查，以求进步。

　　孔子的嫡传弟子曾子，也特别地注重自我反省。有一次，曾子的学生子襄问曾子："什么是勇敢?"曾子就直接引用孔子的话，说："你喜欢勇敢吗？我曾听孔子老师说，最大的勇敢就是会自我反省。正义不在自己一方，即使对方是普通百姓，我也不恐吓他们；自我反省，正义在自己一方，即使对方有千军万马，我也勇往直前。"

　　实际上，每个人在做事情、做工作的时候都要有自我反省的态度，并不断以实际行动去追求、去实现自己的美好愿望。一个不善于自我反省的人会一次又一次地犯同样的错误，不能很好地发挥自己的能力。相反，一个善于自我反省的人，往往能够发现自己的优点和缺点，并能够扬长避短，发挥自己的最大潜能。

夏朝时期，一个背叛的诸侯有扈氏带兵入侵，夏禹派他的儿子伯启去抵抗，结果伯启失败了。他的部下很不服气，要求继续攻打，但是伯启说："不必了，我的兵比他多，领地也比他大，却被他打败了，这一定是我的德行不如他、带兵方法不如他。从今天起，我一定要努力改正过来才是。"从那以后，伯启每天很早就起床工作，习惯于粗茶淡饭，照顾百姓，任用有才干的人，尊敬有品德有能力的人。过了一年，有扈氏知道了伯启这样的德行，不但不敢再来侵犯，反而自动投降了。

伯启把自己放在一个平凡的位置上，不断地反省自己，以改变自我为关键，最终得到了天下人的认可。布朗宁说："能够反躬自省的人，就一定不是庸俗的人。"再伟大的人也不可能是完美的，在性格、逻辑、处事方面总有缺憾与不足，这就需要学习自我反省来洞察自己的言行。真正的低调者会不断地反观自己、不断地反省自己，这是值得极力赞扬的。自我反省是从古至今人们都很看重的一种为人品格，它是低调修身的重要方面。孔子尚"日三省其身"，更何况常人乎？学会自我反省，才能不断地修正自己的言行，提高自己的身心修养；学会自我反省，才能在事业上有所成就，获得人生的更大进步。

人一旦出头了、发达了，就容易成为众人瞩目的焦点，被人品评，被人臧否，也可能被人算计。因此，越是位居显要处，就越要经常反躬自省，越要讲究低调做人，融入大众之中。唯此，才能做到更有效地保护自己。

曾国藩是在他的母亲病逝、居家守丧期间响应咸丰帝的号召，组建湘军的。不能为母亲守3年之丧，这在儒家看来是不孝的。但由于时势紧迫，他听从了好友郭嵩焘的劝说，"移孝作忠"，出山为清王朝效力。

可是，他锋芒太露，处处遭人嫉妒、受人暗算，连咸丰皇帝也不信任他。1857年2月，他的父亲曾麟书病逝，清朝给了他3个月的假，令他假满后回江西带兵作战。曾国藩伸手要权被拒绝，随即上疏试探咸丰帝，说自己回到家乡后，念及当今军事形势之严峻，日夜惶恐不安。咸丰皇帝十分明了曾国藩的意图，他见江西军务已有好转，而曾国藩不过是大清帝国一颗棋子，心想：他想要实权，休想！于是，咸丰皇帝朱批道："江西军务渐有起色，即楚南亦就肃清，汝可暂守礼庐，仍应候旨。"假戏真做，曾国藩真是欲哭无泪。同时，曾国藩又要承受来自各方面的舆论压力。此次曾国藩离军奔丧，已属不忠，此后又以复出作为要求实权的砝码，这与他平日所标榜的理学面孔大相径庭，因此招来了种种指责与非议，再次成为舆论的中心。朋友的规劝、指责如潮水般席卷而来，朋友吴敢把这一层窗纸戳破，说曾国藩本应在家守孝却出山，是"有为而为"；上给朝廷的奏折有时不写自己的官衔，这是存心"要权"。在内外交困的情况下，曾国藩忧心忡忡，遂导致失眠。朋友欧阳兆熊深知其病根所在，一方面为他推荐医生诊治失眠，另一方面为他开了一个治心病的药方："歧、黄可医身病，黄、老可医心病。"欧阳兆熊借用黄、老来讽劝曾国藩，暗喻他过去所采取的铁血政策未免有失偏颇，锋芒太露，伤己伤人。面对朋友的规劝，曾国藩陷入深深的反思。自率湘军东征以来，曾国藩有胜有败，之所以四处碰壁，究其原因，固然是由于没有得到清政府的充分信任而未授予地方实权。同时，曾国藩也感到自己在修养方面有很多弱点，在为人处世方面刚愎自用，目中无人。后来，他在写给弟弟的信中，谈到了由于改变了处世的方法而带来的收获："兄自问近年得力唯有一悔字诀。兄昔年自负本领甚大，可屈可伸，可行可藏，又每见得人家不是。自从丁巳、戊午大悔大悟之后，乃知自己全无本领，凡事都见得人家有几分是处，故自戊午至今九载，与四十岁以前逈不相同，大约以能立能达为体，以不怨不尤为用。立者，发奋自强，站得住也；达者，办事圆融，行得通也。"以前，曾国藩对官场的逢迎、谄媚及腐败十分厌恶，不愿为伍。为此，所到之处常开幕布公，一针见血，从而遭人嫉恨，受到排挤，经常成为舆论讽喻的中心。"国藩从官有年，饱历京洛风尘，达官贵人，优容养望，与在下者渐疏和同之气，盖已稔知之。而惯常积不能平，乃变而为慷慨激烈，轩爽肮脏之一途，思欲稍易三四十年不白不黑、不痛不痒、牢不可破之习，而矫枉过正，或不免流于意气之偏，以是屡蹈愆尤，丛讥取戾。"经过多年的宦海沉浮，曾国藩深深地意识到，仅凭他的一己之力，是无法扭转官场这种状况的，如若继续为官，那么，唯一的途径就是去学习、去适应。"吾往年在官，与官场中落落不合，几至到处荆榛。此次改弦易辙，稍觉相安。"此一改变，说明曾国藩日趋成熟与世故了。

攻下金陵之后，曾氏兄弟的声望可说是如日中天、达于极盛。曾国藩被封为一等侯爵，世袭罔替，所有湘军大小将领及有功人员，莫不论功封赏。那时，湘军人物官居督抚高位的便有 10 人；长江流域的水师，全在湘军将领控制之下；曾国藩所保奏的人物，无不如奏所授。

但树大招风，朝廷的猜忌与朝臣的妒忌也随之而来。

颇有心计的曾国藩应对从容，马上就采取了一个裁军之计。不等朝廷的防范措施下来，他就先来了一个自我裁军。正所谓"忍一时风平浪静，退一步海阔天空"，曾国藩意识到，鸡蛋是不能与石头碰的，既然不能碰，就必须改变思路，明哲保身。

曾国藩的计谋手法自是超人一等。他在战事尚未结束之际，即计划裁撤湘军。他在两江总督任内，便已拼命筹钱，2 年之间，已筹到 550 万两白银。钱筹好了，办法拟好了，战事一结束，即宣告裁兵，不要朝廷一文，裁兵费早已筹妥。

他于同治三年（1864 年）六月攻下南京，取得胜利，七月初即开始裁兵。一月之间，首先裁去 25000 人，随后亦略有裁遣。人说"招兵容易裁兵难"，以曾国藩看来，因为事事有计划、有准备，也就变成"招兵容易，裁兵也容易"了。

曾国藩深谙老庄之法，他对清朝政治形势有明了的把握，对自己的仕途也有一套圆熟通达的哲学理念。他在给其弟的一封信中表露说："余家目下鼎盛之际，沅（曾国荃字沅辅）所统近二万人，季（指曾贞干）所统四五千人，近世似弟者，曾有几家？日中则昃，月盈则亏。吾家盈时矣。管子云，斗斛满则人概之，人满则天概之。余谓天之概无形，仍假手天人以概之。待他人之来概，而后悔之，则已晚矣。"

正是由于曾国藩居安思危，在功高位显之时能洞悉世态人情之险，从而以退为进，保持一种低调通达的作风，才确保和成就了他终身的功德。

曾国藩说："越走向高位，失败的可能性越大，而惨败的结局就越多。"因为"高处不胜寒"啊！那么，每升迁 1 次，就要以 10 倍于以前的谨慎心理来处理各种事务。他曾借用"烈马驾车，绳索已朽"来形容随时有翻车的可能。

因此，我们万不可因一时的得意就麻痹大意，认为自己"福大命大"，而应该时时反躬自省，修身立德，这样才能确保长久的安顺。

虚心有容，方能有所成就

一个虚心的人，一个自知贫乏不足、心里有空间容纳教导的人，往往可以受到更多的教诲，得到更多的东西，取得更大的成功！

虚心就是不自满，就是敞开胸怀，能学他人之长，反省自己之短。

"虚心方能容人，虚心方能容物"。只有自觉不满，才能使心灵去容纳更多的事物。虚心不满使自己的心灵处于一个时时能容物、容人的状态。当一个人的心虚如谷川时，就能容纳更多，便能成大器。相反，若一个人自满，便再也容不下新的东西，没有多大容量，就成不了大器。

一个满怀失望的年轻人，千里迢迢来到一位知名画家的家中，他对画家说："我一心一意要学丹青，但至今也没能找到一个能令我心满意足的老师。"

画家笑笑问："你走南闯北十几年，真没能找到一个可以做你老师的人吗？"

年轻人深深叹了口气说："许多人都是徒有虚名啊，我见过他们的画，有的人的画技甚至不如我呢！"

画家听了，淡淡一笑，没再说话，只是请他坐下喝茶。年轻人坐下后，画家开始往年轻人的杯子里倒茶，越倒越多，杯子满了，画家也没有停下来的意思。年轻人急忙说："满了，满了。"画家像没听到一样，继续向杯子里倒茶，杯子里的茶水溢了出来，年轻人连说："您没看到杯子已经满了吗？"

画家住了手，淡然一笑说，"你也知道满了不好再倒，可你自己就像这只杯子一样，里面已装满，你若不先把自己的杯子倒空，怎能装下别人给你的新茶？"

年轻人的心里没有容量，因而如故事中的茶杯一样，不但他的心中装不下任何新的东西，他的眼里也看不到可容纳为己有的东西。知道不足，才能好学，才能进步。若自负自满，只会故步自封，难成大器。

虚心就有容，有容就能容纳，容纳之后还会生长，还会变化。"学而始知不足"，器量不断增加，成就也不断增大。

著名艺术家梅兰芳是中国戏曲艺术的伟大代表，他的艺术高雅脱俗，有独特的气质韵味，人们用"大气、大度、大方"来形容"梅派"艺术。

梅兰芳是一位谦虚有德的艺术家，他就是靠着虚心好学，一点一滴地积累文化底蕴，才成为了中国戏曲界的大师。

梅兰芳广拜名师，向秦稚芬、胡二庚学花旦戏，向陈德霖学习昆曲旦角，向乔蕙兰、李寿山、陈嘉梁、孟崇如、屠星之、谢昆泉等人学习昆曲，向茹莱卿学习武功，向路三宝学习刀马旦，向钱金福学小生戏，也曾受教于王瑶卿。在与这些技艺非凡的名演员的合作之中，他广泛汲取中国戏曲艺术的精华，在很多传统剧目的演出中，他都虚心听取意见，以新鲜的理解去填补艺术空白，使旧戏焕发出新的艺术意味。

梅兰芳除了能虚心向同行学习、听取同行的意见外，还认真采纳广大观众的意见。

有一次，梅兰芳在一家大戏院演出京剧《杀惜》，演到精彩处，场内喝彩声不绝。这时，从戏院里传来一位老人平静的喊声："不好！不好！"梅兰芳循声望去，见是一位衣着朴素的老人。于是，戏一落幕，梅兰芳就用专车把这位老先生接到自己的住处，待如上宾。

梅兰芳恭恭敬敬地说："说我孬者，吾师也。先生言我不好，必有高见，定请赐教，学生决心亡羊补牢。"老者见梅兰芳如此谦恭有理，便认真指出："惜娇上楼与下楼之步，按'梨园'规定，应是上七下八，博士为何八上八下？"梅兰芳一听，恍然大悟，深感自己有疏漏，低头便拜，称谢不止。以后每每演出，必请老者观看指正。

梅兰芳的谦虚，不仅使自己的艺术造诣更进一步，也使自己的德行操守胜人一筹，从而得到他人的敬重。

虚心的人懂得人生无止境，事业无止境，知识无止境，因而才能做到知之为知之，不知为不知。海不辞水成其大，山不辞石成其高；虚心才有容，有容方成大器。

一个人越虚心，心胸越开阔，装载的容量越大，就越能成大器。

第四章
深度沟通，高情商表达让交往更深入

从"心"出发，学会以情动人

　　唐代大诗人白居易说："动人心者莫先于情。"意思是说，要说服人、打动人，必须动之以情，言语必须是诚心诚意、发自内心的，富有人情味和同情心，要让人听后觉得你是真心为他好，是设身处地地为他着想，而不是在应付他。

▌高手支招

日本有一个这样的故事。

　　真田广之替已过世的父亲守灵。他的老家离东京很远，即使坐电车也要花3个钟头的时间，而且那时的电车还不像现在这样每一小时发一班车，所以，可以说交通很不方便。当时他心里想：外地的亲戚朋友是不可能前来凭吊的了。但出乎意料的是，在整个晚上都没有任何一个亲属到来的情况下，一个女子突然出现在他的面前。

"田中小姐，你怎么来了……"

当时，真田简直感动得难以言表，因为她不过是他的一名同事而已，真难以想象她会在下班之后，搭乘电车赶到他的老家来。况且当时天色已经很晚，她又不太认得路，肯定是挨家挨户询问才找到他家的。"你经常来这里?"真田问道。

"不，今天是第一次，我只是想来凭吊一番……"

"太谢谢你了，太谢谢你了!"

真田简直感动得不知道该说什么才好，心想：她是个多么好的同事啊！这位同事的确拥有很好的人际关系，在公司里，不论男女都是这么认为的。她得到了大家的信任，只要是她说的话，大家都认为不会错，而且也愿意按照她说的去做。这同时也表示，她是个说服力极强的人。

经过那晚的谈话，真田明白了她说服力极强的秘密。她总是能以情动人，而说服别人按照自己的意图去办事的秘诀就在于攻心。平时别人遇到什么麻烦，田中小姐总是会伸出援助之手，这令所有人都为之感动。先得了人心，别人自然会心甘情愿地听她的话。

可能我们平时没有太多时间和精力去助人为乐，但该事例告诉了我们一个关键信息：说服他人的核心点在于征服他人的内心，使对方在情感上有所共鸣。

文学家李密曾在蜀汉时担任过尚书郎的官职，蜀汉灭亡后居家不出。晋武帝知道他很有才干，便下诏命他进朝为太子洗马，但李密拒绝了。为此，晋武帝大怒。在这种情况下，李密写了一封信给晋武帝。

　　"我想圣明的晋朝是以孝来治理天下的，凡是年老之人，都得到了朝廷的怜恤和照顾，何况我祖孙孤零困苦的情况特别严重。

　　"我年轻的时候在蜀汉朝做官，任职郎中，本来就希望仕途显达，并不矜持名声节操。现在，我是败亡之国的低贱俘虏，是身份卑微的人，受到过分的提拔，宠幸的委命，已经非常优厚，哪里还敢迟疑徘徊，有更高的渴求呢？

　　"只是因为我祖母刘氏如西山落日，已经是气息短促，生命不长。我如没有祖母的抚育，就难以有今日。祖母如失去了我的奉养，也就无法多度余日。祖孙二人相依为命，因此，我实在不能抛开祖母离家远行。

　　"微臣李密今年44岁，祖母刘氏今年96岁。因此，我为陛下尽忠效力的日子还长，而报答祖母的养育之恩的日子短呀！故此，我以这种乌鸦反哺的私衷，乞求陛下准允我为祖母养老送终。

　　"恳请陛下怜恤我的一片愚诚，慨允我微小的志愿，使祖母刘氏可以侥幸保其晚年，我活着也将以生命奉献陛下，死后也要结草图报。臣内心怀着难以承受的惶恐，特地作此书，奏闻圣上。"

　　这就是流传百世的《陈情表》。将心比心，以情说理，李密在柔言细语中陈述自己的处境。武帝颇为感动，心头的怒火也自然平息了，他还赐给李密奴婢二人，并令郡县供养其祖母。

杰克·凯维是美国加利福尼亚州一家电气公司的一位科长，他一向知人善任，每当推行一个计划时，总是不遗余力地率先做榜样，将最困难的工作承揽在自己的身上，等到一切都上了轨道之后，他才将工作交给下属，而自己退身幕后。虽然他这种处理事情的方法是很好的，但他太喜欢为他人做表率，所以，常常让人觉得他似乎太骄傲了。

最近不知怎么回事，一向精神奕奕的凯维却显得无精打采。原来，最近的经济极不景气，资金方面周转不灵，再加上预算又被削减，使得科里的运转差点停顿。这种情形若继续下去，后果一定不可收拾。于是，他实施了一套新方案，并且鼓励职工："好好干吧！成功之后一定不会亏待你们的。"但没想到，眼看就要达到目标，结果还是功亏一篑，也难怪他会意志消沉了。平日对凯维就极为照顾的经理看了这些情形后，便对他说："你最近看起来总是无精打采的，失败的挫折感我当然能够理解，但是我觉得你之所以会失败，是因为你只是一味地注意该如何实现目标，却忽略了人际关系这种软体的工程。如果你能多方考虑，并多为他人着想，这种问题一定能够迎刃而解。"经理停顿了一下，又接着说："大丈夫要能屈能伸，只有这样才能做一个好的管理人员。我觉得你就是进取心太强了，又总喜欢为职工做表率，而完全不考虑他们的立场，认为他们一定能如你所愿地完成工作，结果倒给了职工极大的心理压力。大概也就是因为这个缘故，所以大家都说你虽能干，但当你的部属却很为难。每个人当然都知道工作的重要性，所以，你大可不必再给他们施加压力。你好好休息几天，让精神恢复过来，至于工作方面，我会帮助你的。"

杰克·凯维的一段亲身经历让我们知道，必须站在别人的立场，将心比心，才能真正达到说服对方的目的，否则，再多的自信和能力也无法让别人服从你。会打棒球的人都知道，当我们要接球时，应顺着球势慢慢后退，这样的话，球劲便会减弱。与此相似，我们在说服他人的时候，如果能将接棒球的那一套运用过来，相信说服会变得更容易。

相反，冰冷的态度、程式化的言辞，会引起对方的逆反心理，增加说服的难度。

林肯在当律师时曾碰到这样一件事：

有一位老妇人是独立战争时一位烈士的遗孀，每月只靠抚恤金维持风烛残年。前不久，出纳员非要她交纳一笔手续费才准领钱，而这笔手续费相当于抚恤金的一半，这分明是勒索。

林肯知道后怒不可遏，他安慰了老妇人，并答应帮助她打这个没有凭据的官司（因为出纳员是口头勒索）。

开庭后，因原告证据不足，被告矢口否认，情况显然不妙。林肯发言时，上百双眼睛都盯着他。

林肯首先把听众引入对美国独立战争的回忆，他两眼闪着泪花，述说爱国战士是怎样揭竿而起，又是怎样忍饥挨饿地在冰天雪地里战斗。渐渐地，他的情绪激动了，言辞犹如挟枪带剑，锋芒直指那个企图勒索的出纳员。最后，他以严肃的设问，作出了震撼人心的结论：

"1776年的英雄早已长眠地下，可是，他们那衰老而可怜的遗孀还在我们面前，我要求代她申诉。这位老人也曾是位美丽的少女，曾经有过幸福愉快的生活。不过，她已牺牲了一切，变得贫穷无依，不得不向自由的我们请求援助和保护，而这自由是用革命先烈的鲜血换来的。试问，我们能熟视无睹吗？"发言至此，戛然而止。听众的心激动了：有的捶胸顿足，扑过去要撕扯被告，有的泪水涟涟，当场解囊捐款。在听众的一致要求下，法庭通过了保护烈士遗孀不受勒索的判决。

这就是感情的力量。唯有真挚的感情才能打动人、说服人，才能唤起民众、唤醒民心。

婆婆是家里的一把手，财政大权控于掌中，儿媳妇感到很不愉快。一天晚饭后，她诚恳地对婆婆说："您老人家操持全家的生活真是辛苦。有些事是我们可以办的，您尽管吩咐。现在大家收入增加了，不愁吃穿，生活可以安排得更丰富些。家里的经济收支，您安排得很好，以后您可以让我们试试，如果您觉得有不对的地方，也好帮我们改正。"

　　婆婆非常乐意地接受了儿媳妇的请求。家庭气氛一如既往,其乐融融。

　这就是攻心的威力。 说服不是一项硬件工程,它需要先让人心动,然后才能把人说动,因此,一切从"心"出发吧!

为对方着想,先满足对方的需求

▌核心提示

在与人沟通交流时，如果想取得较为满意的结果，你就必须先为对方着想，满足对方所需。

▌高手支招

与人沟通交流时，最重要的就是能够以真情感动对方。说话的时候先为对方着想，无疑是很好的办法。

因为一般情况下，自己对某一件事所认为的"对"或"好"并不能代表别人的看法。在沟通时，最好先得知对方的看法，看对方怎么理解情势，你就能以对方了解的方式讲话和行事。若你径自表现出"好"或"对"，而不去弄清楚对方是否有相同的看法，你可能会惊讶于对方的反应。

所以，在谈话之前，你所要做的就是尽你所能了解别人的背景、观点和热诚程度，你因而可以知道：

什么使他们兴奋，什么使他们厌烦，什么使他们害怕。

他们上班时是什么样的人，他们下班时是什么样的人。

他们生活中真正需要什么，他们怎么获得。

知道这些问题的答案，不仅可以避免你犯难堪的错误，而且，它能帮助你设计你的表达方式，因而你的意见可以跟他的需要和要求结合，这样就会使你们的沟通更加融洽。

但平时，我们最常听见人们对他人的三项抱怨却是：

（1）他们认为别人不听他们的话。

（2）他们觉得受不到尊重。

（3）他们认为别人要想办法控制或操纵他们。

在与别人谈话的过程中，如果你先提自己的需要，这三种情况是最可能发生的。 如果你先提别人的需要，它们就最不可能发生。

大部分人对自己的兴趣大过对别人的兴趣，对自己的需要的热衷程度远强于对别人的需要。 但是，如果你先提对方最有兴趣的、他们需要的事情，就能吸引他们的注意力，建立联结，且赢得他们的信任和尊敬。

当你提对方所需，为对方着想时，你会发现许多可喜的变化，而这些变化对你也是有利的。

首先，当你先提对方的需要时，对方会有以下表现：

（1）较快开始聆听。

（2）注意力比较集中。

（3）听得较久。

（4）对你说的记得较多。

（5）比较尊重你。

（6）认为你是比较聪明的人，甚至是较好的人，因此，你会得到较大的活动空间和自由。

（7）等你在说你自己的需要时，他会听得较专心。

相比较而言，这些对先提对方需要的小投资，有相当好的回收。

另一方面，若你先提自己的需要，人们常不愿聆听、保护自己或使冲突升级。 他们可能以愤怒的眼神和僵硬的表情回敬你，怀疑你不考虑他们的需要，对你的话一句也不会听。这种恐惧和不信任，很容易引发公开的敌对。

此外，人通常在冲突开始时会焦虑。 任何能缓和他们恐惧的方法，都会使情形变得较轻松和对每个人较有利。 在这种时候，如果你先为对方着想，提出他人的需要就是一种很好的解决途径。 另外，在一些重大事情中，先提对方的需要也会使你们成为合作伙伴。 你们合作是为了联合对抗问题，而不是互相对抗。

真情诚意,说话的魅力在于真诚

▍核心提示

　　真诚的语言是最能打动人的,巧妙地运用充满真情诚意的话语,可以促使说者与听者产生情感共鸣,可以使双方的关系变得融洽,从而营造出一种良好的沟通氛围,赢得广泛的人际关系,为成功创造有利的条件。

▍高手支招

　　1915 年,小洛克菲勒还是科罗拉多州一个不起眼的人物。当时美国发生了美国工业史上最激烈的罢工,并且持续达两年之久。愤怒的矿工要求科罗拉多燃料钢铁公司提高薪水,当时小洛克菲勒正负责管理这家公司。由于群情激奋,公司的财产遭受破坏,军队前来镇压,因而造成流血,不少罢工工人被射杀。

　　那种情况可以说是民怨沸腾。小洛克菲勒后来却赢得了罢工者的信服，他是怎么做到的呢？

原来，小洛克菲勒花了好几个星期结交朋友，并向罢工者代表发表了一次充满真情的演说。那次的演说可谓不朽，它不但平息了众怒，还为他自己赢得了不少赞誉。演说的内容是这样的：

"这是我一生当中最值得纪念的日子，因为这是我第一次有幸能和这家大公司的员工代表、公司行政人员和管理人员见面。我可以告诉你们，我很高兴站在这里，有生之年都不会忘记这次聚会。假如这次聚会提早两个星期举行，那么，对你们来说，我只是个陌生人，我也只认得少数几张面孔。但由于两个星期以来，我有机会拜访整个附近南区矿场的营地，私下和大部分代表交谈过，我拜访过你们的家庭，与你们的家人见过面，因而，现在我不算是陌生人，甚至可以说是朋友了。基于这份相互的友谊，我很高兴有这个机会和大家讨论我们的共同利益。由于这个会议是由资方和劳工代表所组成，承蒙你们的好意，我得以坐在这里。虽然我并非股东或劳工，但我深觉与你们关系密切。从某种意义上说，也代表了资方和劳工。"

这样一番充满真诚的话语，是化敌为友的最佳途径。假如小洛克菲勒采用的是另一种方法，与矿工们争得面红耳赤，用不堪入耳的话骂他们，或用话暗示错在他们，用各种理由证明矿工的不是，那么结果只能是招惹更多怨恨和暴行。

此外，在人际交往中，我们经常会遇到"祝贺"这种交往形式，一般是指对社会生活中有喜庆意义的人或事表示良好的祝愿和热烈的庆贺。 祝贺可以表示你对对方的理解、支持、关心、鼓励和祝愿，以抒发情怀，增进感情。

　　祝贺的语言要真诚、富有感情色彩，语气、表情、姿态等都要有情感性。 这样，才会有较强的鼓动性与感染力，才能达到抒发感情、增进友谊的目的。

　　道歉也是人际交往中常见的交流活动。 人生在世，犯错误总是难免的，毕竟"人非圣贤，孰能无过"。 但是，人们却非常重视犯错误后的态度。 所以，犯错误时，我们首先要坦率承认、真诚道歉。

　　你道歉的时候态度真诚，别人就会比较轻易地原谅你。相反，有的人在犯错时态度极差，道歉时让人看不到一丝真诚，甚至根本就不道歉，只是一味地为自己辩解不休。 结果，使彼此之间的裂痕越来越大。

　　古人云："有朋自远方来，不亦乐乎！""最难风雨故人来。"都道出了朋友间所凝聚的真情厚谊，反映了他们肝胆相照、充满真诚的交往过程。 可以说，充满真诚、以诚暖人是交友说话、打动人心的重要因素，是成功办事的重要所在。

关心体贴，让别人感觉到温暖

▎核心提示

> 对人关心和体贴，自然会让人感到温暖。多说关心和体贴的话，会赢得真心的感动和感激。体贴，代表了对别人的爱护、关切和照顾。

▎高手支招

有一首歌这样唱道："只要人人都献出一点爱，世界将变成美好的人间。"对别人体贴就是对别人献出了爱，别人受爱的感化，也会以爱相回报。体贴会换来友爱，换来真诚，而"友爱"和"真诚"是每个人都需要的。有些人不是慨叹这世上"友爱"和"真诚"太少了吗？其实，只要问问他："你又给过别人多少体贴呢？"恐怕回答起来就很尴尬了。

此外，你平时对别人表现出的关怀，还会成为你求别人办事的一种途径。想想你平时对别人那么好，谁还能拒绝为你办些事情呢？

试想有一天，你去找你的朋友聊天。

你的朋友平时身体健康、精力充沛，在工作上也颇得心应手，单位内的人都认为他很有前途。可是有一天，他显露出悲伤的脸色，很可能是家中发生了问题。

他虽不说出来，一直在努力地抑制，可总会自然而然地在脸上流露出苦恼的表情。对这位朋友来说，这实在是件很尴尬的事，平时为了不让下属知道，他不得不极力装得若无其事。你们共进午餐后，他用呆滞的眼神望着窗外。此时，他那迷惑惘然的脸色，显示着他已失去了朝气。你对这种微妙的脸色和表情之变化，不能不予以注意。你应尽你最大的努力去找出他真正苦恼的原因，并对他说："小王，家里都好吗？"以假装随意问安的话，来开启他的心灵。

"不！我正头痛呢，我太太突然病倒了！"

"什么？你太太生病了！我怎么一点都不知道？现在怎么样？"

"其实，也不需要住院，医生让她在家中疗养。只是，太太生病后，我才感到诸多不便。"

"难怪呢！我觉得你的脸色不好，我还以为你有什么心事，原来是你太太生病了。"

"想不到你的观察力这么敏锐，我真佩服你。"

他一面说着，脸上一面露出笑容，此刻可以知道，你成功了。在人最脆弱的时候去安慰他，这才是你应有的体谅和善意。朋友由于悲伤，心灵呈现出较脆弱的一面。此时，更不应再去刺激他，而应当设法让他悲伤的心情逐渐淡化。朋友感到苦恼，在尚不为人知晓前，自己应主动设法了解，相信你的这份善意，即使是"魔鬼"也会受感动的。 自然，这以后，朋友就会心甘情愿地帮你办事。

怎样在与别人交往时表达出自己的关怀之情呢？ 在说话的时候，你可以参考下面的几种方法。

1. 示之以鼓励

给遇到磨难或陷于某种困境的人指出希望，让他振作精神，乐观地从困境中走出来，对方会对你的善意表示感激。

2. 示之以关心

不拘位卑位尊，贫贱富贵，人人都珍视感情。 在必要的时候向别人表示关爱，别人也会把同样的善意之球抛掷给你。

作为上司，只有威严是不够的，还得富有人情味。 下面是一个关于美国电话业巨擘——密西根贝尔电话公司总经理福拉多的生活片段：

在一个寒冷的深夜，纽约的一条不算繁华的道路上很少有车辆行驶。这时，从街中心的地下管道内钻出一位衣着笔挺的人来。路旁的一个行人十分狐疑，他想上前看个究竟，可一看却怔住了，他认出这个人竟是大名鼎鼎的福拉多！

原来，地下管道内有两名接线工在紧张施工，福拉多特意去表示慰问。他说："你们辛苦了，我特地来慰问你们，没有你们，就没有我的事业。"

福拉多被称作"十万人的好友"，他与他的同事、下属、顾客乃至竞争对手都保持着良好的关系。正因如此，这位富有人情味的企业巨人才有着如日中天的事业。

3. 示之以同情

如果周围的人遇到了什么挫折和不幸，我们真诚地给以同情的表示，就可以让他感受到我们对他的体贴和关心。这样，就能多少减轻一些他内心的痛苦。

当然，同情不是无原则的附和。如果对方的情绪产生于错误的判断，就不应当随便表示同情，以免助长其错误情绪。比如说评定奖金，张三本来劳动态度不好，因而未评上一等奖，于是他发起了牢骚。如果你在这时表示同情，那就等于助长他的错误思想，而且也不一定会起到安慰的作用。这时需要的，是劝导他正确对待，好好工作，下次争取。

不管采用什么办法，如果你的话语中充满了关怀之情，对方就一定会被你所折服，你们的友谊也就更加牢固。

温言相求，拣对方爱听的说

▍核心提示

会说话同会办事是相辅相成的。话说得好听、说得到位，对方才乐意接受你提出的条件和要求。只有温言相求，拣对方爱听的话说，才有利于事情的解决。

▍高手支招

西汉初年有一个叫季布的人，他为人正直，乐于助人。不管谁有困难，他都会热心地帮忙，所以在当时名声很好。季布曾经是项羽的部将，他很会打仗，曾几次把刘邦打败，弄得刘邦很狼狈。后来，项羽自杀于乌江，刘邦夺取天下，当上了皇帝。刘邦每想起败在季布手下的事，就十分生气。愤怒之下，刘邦下令缉拿季布。

他的邻居周季得到了这个消息，秘密地将季布送到鲁地一户姓朱的人家。朱家是关东一霸，素以"任侠"

闻名。此人很欣赏季布的侠义行为，尽力将季布保护起来。不仅如此，还专程到洛阳去找汝阴侯夏侯婴，请他解救季布。

夏侯婴从小与刘邦很亲近，后来跟刘邦起兵，转战各地，为刘邦建立汉王朝立下了汗马功劳。他很同情季布的不幸处境，在刘邦面前为季布说情，终于使刘邦赦免了季布，还封他为郎中。不久，又任命他为河东太守。

当时，楚地有个名叫曾丘生的人，此人能言善辩，专爱结交权贵。季布原来和这个人是邻居，很瞧不起他，偏偏曾丘生听说季布又做了大官，一心想巴结他，因而特地请求皇亲国戚窦长君写了一封信给季布，介绍自己给季布认识。窦长君早就知道季布对他印象不好，劝他不要去见季布，免得惹出是非来，但曾丘生坚持要窦长君介绍。窦长君无奈，只好勉强写了一封推荐信，派人送到季布那里。

季布读了信后，很不高兴，准备等曾丘生来时，当面教训教训他。过了几天，曾丘生果然登门拜访。季布一见曾丘生，就面露厌恶之情。曾丘生对此毫不在乎，先恭恭敬敬地向季布施礼，然后慢条斯理地说："我们楚地有句俗语，叫作'得黄金百两，不如得季布一诺'。您是怎样得到这么高的声誉的呢？您和我是邻居，如今，我在各处宣扬您的好名声，这难道不好吗？您又何必不愿见我呢？"

季布觉得曾丘生说得很有道理，顿时不再讨厌他，并热情地款待他，留他在府里住了几个月。曾丘生临走时，季布还送了他许多礼物。曾丘生确实也照自己说过的那样去做了，每到一地，就宣扬季布如何礼贤下士，如何仗义疏财。这样，季布的名声越来越大。

在这个故事中，季布本来是很讨厌曾丘生的，但是曾丘生却依靠自己的温言相求，使季布冰释前嫌，这不能不说是语言的功劳，有谁会忍心拒绝别人的温语相求呢？正所谓"情之所至，金石为开"，就是这个道理。

在现代社会，求人办事的地方有很多，很多人因为怕麻烦，都会冷言冷语地拒绝帮忙。此时，你大可不必懊恼，而完全可以另寻理由，温言相求。人都是有感情的，在你的温和"攻势"下，他就冷不起脸来拒绝你了。

一见如故,通过交谈迅速征服陌生人

▎核心提示

所谓"酒逢知己千杯少",两个意气相投的人在一起总有说不完的话。因此,我们在和陌生人交往时,不妨多多寻求彼此在兴趣、性格、阅历等方面的共同之处,使双方越谈越投机,从而获得更多关于对方的信息,迅速拉近距离,增进感情。

▎高手支招

1. 与初次见面的人拉近距离

美国耶鲁大学的威廉·费尔浦斯教授,是个有名的散文家。他在散文《人类的天性》中写道:

在我8岁的时候,有一次到莉比姑妈家度周末。傍晚时分,有个中年人慕名来访,但姑妈好像对他很冷淡。他跟姑妈寒暄过一阵之后,便把注意力转向了我。那时,我正在玩模型船，而且玩得很专注。他看出我对船只很感兴趣，便滔滔不绝讲了许多有关船只的事，而且讲得十分生动有趣。等他离开之后，我仍意犹未尽，一直向姑妈提起他。姑妈告诉我，他是一位律师，根本不可能对船只感兴趣。"但是，他为什么一直跟我谈船只的事呢？"我问道。

"因为他是个有风度的绅士。他看你对船只感兴趣，为了让你高兴并赢取你的好感，他当然要这么说了。"姑妈答道。

谈论别人感兴趣的话题很容易拉近人与人之间的距离。对于这一点，下面的例子可以作证。

马里兰州的爱德华·哈里曼，在退伍之后选择了风景优美的坎伯兰谷居住，但是，在这个地区很难找到工作。哈里曼通过查询得知一位名叫方豪瑟的企业家，控制了附近一带的企业。这位白手起家的方豪瑟先生引起了哈里曼的好奇心，他决定去拜访这位难以接近的企业家。哈里曼如此记载了这段经历：

"通过与附近一些人的交谈，我知道方豪瑟先生最感兴趣的东西是金钱和权力。他聘用了一位极忠诚而又严厉的秘书，用以对付求职者。之后，我又研究了这位秘书的爱好，然后出其不意地去她的办公室。这位秘书为方豪瑟工作已有 15 年之久，见到她后，我开门见山地告诉她，我有一个计划可以使方豪瑟先生在事业和政治上大获其利。她听了，颇为之动容。接着，我又开始称赞她对方豪瑟先生的贡献。这次交谈使她对我产生了好感，随后，她为我定了一个时间会见方豪瑟先生。

"进到豪华巨大的办公室之后，我决定先不谈找工作的事。那时，他坐在一张大办公桌后面，用如雷的声音问道：'有什么事，年轻人？'我答道：'方豪瑟先生，我相信我可以帮你赚到许多钱。'他听后立刻起身，引我坐在一张大椅子上。于是，我便列举了好几个想好的计划，都是针对他个人的事业和成就的。

"果然，他立刻聘用了我。20多年来，我一直在他的企业里工作、成长。"

初次见面若想给别人留下深刻的印象，就必须先消除彼此间的距离，总之，只有尽快地消除初次见面的陌生感，才能给对方留下不可磨灭的印象。

在社交场合里，你稍一留心，就可以看出人们分类起来不外乎三种：爱说话的、爱听人说话的和看来不爱说也不爱听的。

第一类爱说话的，你若轻轻用一两句话逗起他，他便会一直说下去。你只要具备忍耐的功夫，不管他说得有无趣味，仍能细细听着，那么，他就大为满意，即使你一句话也不说，他也可能引你为知己。第二种爱听不爱说的，这一种人，对谈话很感兴趣，生性虽不大好说话，但却爱听别人说话，人到非不得已时，话以少说为佳，因为听话便当，说话虽能讨好却不容易。但如今碰到了对头，你若不说，这局面就不易维持下去，那么，你就非小心行事不可了。

你可以从头到尾包办说话的义务，但你要牢记着，你是说给对方听的，不是说给你自己听的。因此，说话不在于仅图自己痛快，而必须顾全对方的兴趣，你要为听者着想。要探出对方的兴趣，几个回合的对答应该就可以探出来，然后择其感兴趣的谈下去。别人愿意听你的谈话，大概因为你有某一种值得听听的议论，或因你刚从某地旅行回来，或因你的事业经验值得注意，或因你知道了一些特殊的新闻，或因你对于某一问题具有独特的见解，所以，他才愿意耐心听你说。而当你探出了他的兴趣时，就可以一直谈下去了。

2. 快速让陌生人对你产生好感

在我们的一生中，经常会遇到这种情况：必须和一群不认识的人打交道。你必须打破与他们之间的界限，消除无形的隔膜，顺利地把自己的意见和思想传达、灌输给他们，使他们能欣然接受，并赞成拥护，甚至把他们变成自己的朋友。要做到这些，绝对需要不凡的智慧。

"一见如故，相见恨晚"，历来被视为人生一大快事。当今世界的人际交往极其频繁，参观访问、调查考察、观光旅游、应酬赴宴、交涉洽商……善于跟素昧平生者打交道，掌握"一见如故"的诀窍，不仅是一件快乐的事，而且对工作和学习大有裨益。那么，如何才能做到"一见如故"呢？请看下面的例子。

威尔逊当选新泽西州州长后不久，有一次赴宴，主人介绍说他是"美国未来的大总统"，这本来是对他的一种恭维，而威尔逊又是怎样回应的呢？首先，威尔逊讲了几句开场白，之后接着说："我转述一则别人讲给我听的故事，我就像这故事中的人物。在加拿大有一群钓鱼的人，其中有位名叫约翰逊，他大胆地试饮某种烈酒，并且喝了很多。结果，他们乘火车时，这位醉汉没乘往北的火车，而错搭往南的火车了。其他人发现后，急忙打电报给往南开的列车长：'请把那位叫作约翰逊的矮人送到往北开的火车上，他喝醉了。'可是，喝醉的约翰逊既不知道自己的姓名也不知道目的地是哪儿。我现在只确定知道自己的姓名，可是不能如你们所说的一样，确实知道自己的目的地是哪儿。"听众哈哈大笑。

　　富兰克林·罗斯福刚从非洲回到美国，准备参加1912年的参议员竞选。因为他是西奥多·罗斯福的侄子，又是一位有名的律师，自然知名度很高。在一次宴会上，大家都认识他，但罗斯福却不认识所有的来宾。同时，他看得出，虽然这些人都认识他，然而表情却显得很冷漠，似乎看不出对他有好感的样子。

　　于是，罗斯福想出了一个能接近这些自己不认识的人并能同他们搭话的主意。他对坐在自己旁边的陆思瓦特博士悄声说道："博士，请你把坐在我对面的那些客人的大致情况告诉我，好吗？"陆思瓦特博士便把每个人的大致情况告诉了罗斯福。

了解了这些后，罗斯福借口向那些不认识的客人提出了一些简单的问题，经过交谈，罗斯福从中了解到他们的性格特点和爱好，知道了他们曾从事过什么事业，最得意的是什么。掌握这些后，罗斯福就有了与他们交谈的话题，并引起了他们的兴趣。在不知不觉中，罗斯福便成了他们的新朋友。

　　1935 年，罗斯福当上了美国总统，他依然采取和不认识者"一见如故"的说服术。美国著名的新闻记者麦克逊曾经对罗斯福总统的这种说服术评价道："在每一个人进来谒见罗斯福之前，关于这个人的一切情况，他早已了如指掌。大多数人都喜欢顺耳之言，都喜欢别人对他们做适当的颂扬。"一见如故"无异于让他们觉得你对他们的一切事情都是知道的，并且都记在心里。

　　我们每一个人都应当学会与不认识的人"一见如故"，因为：

　　（1）第一次和别人打交道时，双方都不免有些拘谨，有层隔膜。如果能有人主动、大方地打破这层隔膜，则对方也能很快融入进来，这样，这种假的"一见如故"在双方看来，就变成真的了。

　　（2）很多时候，我们只和一些人"擦肩而过"，但在社会中生存的我们说不定什么时候就会需要他们的帮助。因此，和这些人"一见如故"的交往，会给你带来丰厚的回报。

　　当你有机会预先知道你将遇见一位陌生人时，那么，你就要预先向你们双方都认识的朋友们探听一下对方的情形。关于他的职业、兴趣、性格、过去的历史等，你能够知道得越详细越好。不过，在其中的某些方面，你要提防，你的朋友或许对这位你将认识的人有偏见。当你走进那位陌生者的住所时，你要善于观察，看看能不能找到一些线索，使你对于他了解得更多一点。

在主人公的墙上，常常会找到了解对方的线索。要知道，那墙上的东西不同于那些笨重的桌椅家具。一般家庭的家具往往不是完全根据主人公的口味购置的，也不是随时可以更换的东西。可是，墙上、桌子上、窗台上那些装饰、摆设，却常常展示着主人公喜爱的情调、兴趣的中心。如果你能把这些当作一个线索，不仅可以由此深入主人公心灵的某一方面，同时也可能使你对人生、对世界增加一些见识。

只要你能加以留心，在你所到过的别人的房间里面，无论是新交的，还是旧识的，你都可以发现主人公的精神世界里的许多宝贵的东西。

只要能够欣赏这些宝贵的东西，你不但可以交到无数亲切知心的好友，在你本来认为平庸无奇的人身上发现许多值得你敬佩的品德，而且这也会使你自己的心胸日益开阔，使你自己的人生日益丰富起来。

第五章
提升自我，与价值更高的人深入交流

倾听下属的建议

大凡下属提出建议、意见，只要是论及公事而非个人私情，无论对错，领导者都应侧耳倾听。因为倾听本身就是一种姿态，一种鼓励。

▌高手支招

贞观初年，李世民定下了"轻徭薄赋，与民休息"的基本国策，并克己治国，终于在三四年内使国内以农为本的封建经济有所回升。然而，劳后求逸是人的本性，同所有的帝王一样，李世民也时常想享受一番。有趣的是，由于他所倡导的君臣互制机制的作用，每当他有这种念头时，总会在经过仔细考虑和臣子劝谏之后，又能够及时回到节俭、求进的思路上来，收回自己一些奢侈的念头。

在刚登帝位时，李世民注意节省民力，仍旧住在隋朝的旧宫殿中，这些宫殿大都破旧不堪。按以往惯例，新君王总要大兴土木，另建新宫，而李世民却未这样做。

早在贞观二年（公元628年），有公卿诸臣上奏说："根据《礼记》上记载，在夏季最末的一个月，允许居住在亭台楼榭之上。现在夏季的暑热还没有消退，秋天的雨季刚刚开始，皇宫地势较低，空气潮湿，请陛下下令建造一座地势较高的殿堂用来起居休息。"

李世民说："朕患有气力衰竭的病，的确不适宜在低下潮湿的地方居住，但朕如果按你们的请求去做，耗费的财物实在太多。从前汉文帝打算建造露台，但舍不得耗费掉相当于当时十户人家财产的费用，后来就取消了这个计划。朕的德行不及汉文帝，而耗费的财物却比他要多，如何称得上是一个作为百姓父母的君王的为政之道呢？"当时，虽然公卿大臣们再三坚持奏请，李世民始终没有答应这件事。

贞观四年（公元630年），李世民打算东巡洛阳，于是下令修复洛阳宫，以备巡幸的事。如果说上次是臣奢侈、君节俭的话，这次的情况却恰恰翻了个儿。当时一些大臣上疏谏阻，然而李世民仍坚持要修，说前几年经济不景气，所以没修宫殿，如今国家形势好转，为什么不修呢？对于李世民的固执，群臣毫无办法。当时，给事中张玄素上了一封言辞极为激烈的奏折来劝阻，使李世民打消了修宫殿的想法。不过，这一次上书几乎可以说是在虎口里拔牙，相当冒险了。

其实，说张玄素耿直敢谏也好，说他有回天之力也好，都不如说作为一名君主，李世民的头脑毕竟还算清醒，能克制住自己的享乐意识而虚心纳谏，这种品质，是一个明君所必备的涵养。

贞观十一年（公元637年），在李世民的治理下，经济已有几分繁盛，然而不知不觉中，李世民又增大了人民的徭役，各地楼馆宫殿都有所兴修，于是大臣马周便上奏劝谏："现在百姓刚刚经历了隋唐两朝战争，经历了丧乱时代，人口已经下降到隋朝人口数的十分之一。但是老百姓仍要供官差、服徭役，青壮年被一个接一个地征发上路，兄去弟还，首尾不绝。路程远的往返五六千里，春去秋回，冬去夏回，一点休息的时间也没有。陛下虽每有恩诏，下令减少差役，但有关部门仍然不停地营建各种工程……"

马周在上奏中说："臣常常到民间去微服私访，在最近的四五年里，发现百姓颇有怨恨嗟叹之言，认为陛下不存体恤抚养他们的心思。从前唐尧用茅草土块盖房住，夏禹王衣食粗劣，这样的事，臣知道不可能再在今天重现。汉文帝因怜惜百金之费用，停止了露台的建造，还把臣子上书用的书袋收集起来，拼在一起，作为宫殿的幕帷使用。连他所宠爱的慎夫人，衣着也节俭到衣裙拖不到地上。到了汉景帝时，因锦绣五彩线带的制作耗费妇女劳力，他专门下诏，废除这些奢侈品，使得百姓安居乐业。汉武帝统治天下时，虽然他穷奢极侈，但是依赖文帝、景帝遗留的恩德传统，因而民心并没有大的变动。假若继汉高祖之后，接着就是武帝时代，天下必然不能保全。"

马周指出："这些情况在时间上离现在较近，事情的过程还可以了解得很清楚。现在京城及益州等地的许多工匠，都在制造供奉皇家的器物，以及诸王嫔妃公主的服饰，老百姓对此议论纷纷，认为这太奢侈。臣听说勤奋早起，欲求有盛大显赫功绩的君主，其后代尤为懈怠；好的法律，实行久了也会出现弊病。陛下小时处于民间，深知百姓辛苦。前代成败，人所共见。"

马周又说："臣研究前代国家成功失败的情况，发现凡是因黎民百姓怨恨谋反，聚为盗贼，国家没有不立即灭亡的。国君即使愿意悔改，也没有能够重新安定保全的。凡修行政治教化，应在还来得及修正时修正，若事变之后，后悔也没有用了。所以后代的君主总是见到前代的覆亡，能够清楚地知道人家的政治教化如何失误，可是却不知道自己本身有什么过失。因此殷纣王嘲笑夏桀亡国，而周幽王、周厉王又嘲笑殷纣王灭亡，隋炀帝大业初年，又嘲笑北周、北齐丧失国家，然而现在陛下看炀帝，也像炀帝当年看北周、北齐一样。此言不可不戒也。"

读了马周的上书，李世民幡然醒悟，历史的教训果然使他深有忧惧，他没有想到自己竟然有这样大的过失，于是马上宣布停止制造各种奢侈之物，以悔改自己的言行。

唐太宗的"有为"，关键就在于他能够"倾听"。他真心诚意地"求谏"。作为一个有七情六欲的人，他也有强烈排斥异见的时候，但他"倾听"的姿态并没有因此而有所改变。他在倾听的当时也许并不以为然，但等到冷静下来，却能够依照"听"来的意见去做。这种"倾听"对于他，确实有更长远的益处。

倾听智者的忠告

▌核心提示

一个人不可能脱离社会而独自存在，你要与人交往，与人接触，听取别人的忠告，听取别人的意见，应该是你最基本的处世准则。

▌高手支招

生活中，我们要听取智者的忠告，不要对别人的忠告不理不睬，一意孤行。须知别人的忠告是对你行为的最好指导，虽然有时别人的忠告并不一定正确，但是你也要虚心接受，通过自己的分析判断，做出正确的选择。

一对新婚夫妇生活贫困，丈夫为了让妻子过上体面的生活，去了很远的地方打工，妻子答应在家忠贞地等他回来。

年轻人在老板那儿工作 20 年后，临行时老板未给他发工钱，而是给了他三条忠告和三块面包。忠告是：第一，永远不要走捷径，便捷而陌生的道路可能要了你的命；第二，永远不要对可能是坏事的事情好奇，否则也可能要了你的命；第三，永远不要在仇恨和痛苦的时候做决定，否则你以后一定会后悔。老板给他的三个面包，两个让他路上吃，另一个等他回家后和妻子一起吃。

在远离自己深爱的妻子和家乡20年之后，男人踏上了回家的路。一天后，他遇到了一个人，那人说："你回家要走20多天的路，这条路太远了，我知道一条捷径，几天就能到。"他高兴极了，正准备走捷径的时候，想起了老板的第一条忠告，于是他回到了原来的路上。后来，他得知那人让他走的所谓捷径完全是一个圈套。

几天之后，他走累了，发现路边有家旅馆，他打算住一夜，付过房钱之后，他躺下睡了。睡梦中，他被一声惨叫惊醒。他跳了起来，走到门口，想看看发生了什么事，刚刚打开门，他想起了第二条忠告，于是回到床上继续睡觉。第二天，店主对他说："您是唯一一个活着从这里出去的客人。我的独子有疯病，他昨晚大叫着引客人出来，然后将他们杀死埋了。"

男人接着赶路，终于在一天的黄昏时分，他远远望见了自己的小屋，还依稀可见妻子的身影。虽然天色昏暗，但他仍然看清了妻子不是一个人，还有一个男子伏在她的膝头，她抚摸着他的头发。看到这一幕，他真想跑过去杀了他们，这时他想起了第三条忠告，于是停了下来，想了想，决定在原地露宿一晚，第二天再做决定。

天亮后，已恢复冷静的他对自己说："我不能杀死我的妻子，我要回到老板那里，求他收留我，在这之前，我想告诉我的妻子我始终忠于她。"

他走到家门口敲了敲门，妻子打开门，认出了他，扑到他怀里，紧紧地抱住了他。妻子眼含热泪，并让儿子见过父亲。原来，年轻人走的时候妻子刚刚怀孕，现在儿子已经20岁了。

丈夫走进家门，拥抱了自己的儿子。在妻子忙着做晚饭的时候，他给儿子讲述了自己的经历。接着，一家人坐下来一起吃面包，他把老板送的面包掰开，发现里面有一笔钱——那是他20年辛苦劳动赚来的工钱。这位老板的忠告太睿智了。

倾听能帮助你思考

　　信息是决策的基础，信息不清楚是无法做出正确决策的。倾听是获取信息的有效方法，只有认真地倾听，才会获得准确的信息，而许多准确的信息可为准确的决策提供依据。

▌高手支招

　　人的能力毕竟有限，有许多东西是我们个人所无法了解的，通过倾听别人的谈话，我们可以获取许多有用的信息，可以分享他们的知识和经验，为我们的思考提供帮助。

　　1951 年，威尔逊带着母亲、妻子和 5 个孩子开车到华盛顿旅行，一路都住在汽车旅馆，旅馆的房间矮小，设施破烂不堪，有的甚至阴暗潮湿，又脏又乱。几天下来，威尔逊的老母亲抱怨地说："这样旅行度假，简直是花钱买罪受。"善于思考问题的威尔逊听到母亲的抱怨，又通过这次旅行的亲身体验，得到了启发。他想：我为什么不能建立一些方便汽车旅行者的旅馆呢？他经过反复琢磨，暗自给汽车旅馆起了一个名字叫"假日酒店"。

想法虽好，但没有资金，这对威尔逊来说是最大的难题。拉募股份，但别人没搞清楚假日酒店的模式，不敢入股。威尔逊没有退缩，他决心首先建造一家假日酒店，让有意入股者看到模式后，放心大胆地参与募股。拥有远见卓识、敢想敢干的威尔逊冒着失败的风险，果断地将自己的住房和准备建旅馆的地皮作为抵押，向银行借了30万美元的贷款。1952年，也就是他旅行的第二年，终于在美国田纳西州孟菲斯市夏日大街旁的一片土地上，建起了第一座假日酒店。5年以后，他将假日酒店开到了国外。

能够耐心听别人说话的人，必定是一个富有思想的人，威尔逊就是一个有思想的人，他的成功，在于他能注意倾听别人的谈话。

我们在汲取他人有益的思想时要学会倾听，听别人说什么，从他人的语言中提炼有价值的信息，便于自己思考时使用。

有这样一个故事：

有位国王收到了三个一模一样的金人，但进贡人要求国王回答一个问题——三个金人哪个最有价值？无论是称重量还是看做工，都是一模一样。最后，一位老臣拿着三根稻草，插入第一个金人耳朵里，稻草从另一边耳朵出来；插入第二个金人的稻草从嘴巴里掉出来；插入第三个金人的稻草掉进肚子里。老臣说：第三个金人最有价值！使者默默无语，答案正确。善于倾听，才最有价值，倾听才是成熟的人应具备的基本素质。

人要善于倾听，获取对方的信息越多，理解对方的意思就越明确，才能给予对方正确的答案。

只有很好地听取别人的，才能更好地说出自己的，虚心听取别人的意见是一个人进步的必要条件。自己意见不成熟时不能发表，说得过多了，说的就会成为做的障碍。多听、多做、少说是一个人成熟的表现。

微软 CEO 史蒂夫·鲍尔默曾说："我的大脑时刻不停，即使听完一个人说的事情，但不能真正消化理解这些东西，我也要认真倾听。这就是我大脑工作的方式，它总是在不停地接受、分析、思考、理解、反应。如果你真想激励人干好工作，那就必须倾听他们所说的，并让他们感觉到你在倾听。这对我及周围的人都有好处。"

倾听让你更受欢迎

▌核心提示

　　认真有效的倾听会为你带来更多的朋友，因为你的倾听会让他人感觉备受关注。我们在与人交往的时候，为了带给他人这一感觉，甚至可以创造机会让对方说。倾听比滔滔不绝地说更能得到他人的尊敬。

▌高手支招

　　音律之优美，唯有倾听才能体会；语言之动听，唯有倾听才能懂得；人性之智慧，唯有倾听才会发现。人与人之间的和谐相处，最必不可少的就是倾听。想要了解一个人，你得学会倾听他的心声；想成为别人的朋友，你得学会倾听他的烦恼与快乐；要与别人合作，你得学会倾听他的意见。倾听的作用无处不在，在家人之间，倾听有助于家庭生活的和睦；在朋友之间，倾听有助于赢得朋友的信任和重视；在同事之间，倾听有助于提高合作效率。 总之，在这个人与人之间无时无刻不在进行着各种各样交际的社会，倾听是一种非常重要的沟通技巧。

你的侧耳倾听，能够让对方畅所欲言地表达自己的意见和要求。 这样一来，你既能满足对方表达自己内心想法的需求，又可以让他们感受到你的关心和尊重。 倾听在我们的日常交往中不仅仅是为了获取信息，更是为了表达对他人的尊重，如果你在他人说话时能耐心倾听，那么你可能因此多了一个朋友。

麦克是一家广告公司的业务员，他经常与客户洽谈，商议广告的设计方案。但是他的听力有些问题，为了避免遗漏重要内容，每当客户说话的时候，麦克都要集中精力，双眼紧紧盯着客户，甚至连客户一个微小的动作都不错过。后来，麦克发现这样实在是太辛苦了，因此就买了一副助听器。戴上助听器之后果然不一样了，麦克很轻易就能听清楚别人说话了。以后的洽谈会上，麦克再也不用盯着客户了，他甚至有时间打量会议室的装修，甚至可以听到会议室外面有人经过的声音。但是这并没有为麦克带来丝毫的好处，因为客户再也看不到那个认真倾听的麦克了。终于有客户忍受不住了，对他说："麦克，你能把耳朵上那玩意儿摘下来吗？我想看到那个认真倾听的麦克。"这时，麦克才意识到原来听力不好竟然也是一个优势。

我们常常会有这样的疑惑：我在听啊，你还有什么不满意的？听较之倾听，虽然只是少了一个字，却有着天壤之别。听，只是一种本能，是一种纯粹的生理机能的反应。我们在听的时候可以很轻松，我们甚至可以说听只是一个工作。倾听就不一样了，倾听是一种不断学习和锻炼的技巧，它具有很强的目的性，需要你集中精力，需要你在众多的信息中筛选出有价值的信息。倾听是由听而引发的一系列的连锁反应。

倾听看似简单，但却是一门需要不断修炼的艺术，并不是每个人都能做到有效倾听的。要想在与人交往时实现有效倾听，就要不断锻炼自己的倾听技巧。

1. 集中精力

集中精力、专心致志地听是倾听最基本的要求。我们在与他人相处的时候，要做好充分的准备，比如心理准备、身体准备、态度准备、情绪准备，等等，以一个积极向上的面貌去面对他人的谈话。疲惫的身体、毫不重视的心理、不能集中的精神和消极的情绪都会让你的倾听失败。

2. 有选择地倾听

有选择地倾听与集中精力倾听并不矛盾，因为有选择地听必须建立在专心倾听的基础上。我们在说话的时候不可能每句话都代表了内心的真实想法。人们在谈话的过程中虽然会透露一定的信息，但这些信息可能是无关紧要的，也可能对整个沟通过程起着至关重要的作用。 对于这些信息，你应该在倾听的过程中进行核实，一方面以避免遗漏或者误解对方的意见，另一方面还会使对方得到鼓励，他们会因为找到了热心听众而增加谈话的兴趣。

3. 不打断、不插话

一个人如果正在说话兴头上突然被打断了，那么继续说下去的热情肯定会消失殆尽。 如果心情不好，还可能会大发雷霆。 因此，当他人谈话热情高涨的时候，你可以予以简单地回应，除此之外，切忌随意插话或者接话，更不要不顾及对方的感受随意另起话题。

4. 注意倾听的礼仪

在倾听的过程中，你要尽可能保持一定的礼仪。 这样既可以显得自己有涵养、有素质，又表达了你对他人的尊重。例如，在倾听时，要保持视线接触、不要东张西望；身体前倾、表情自然；随时用笔把对方的意见记录下来；不要只做样子，真正做到全神贯注；插话时要请求对方允许并使用礼貌用语。

5. 积极回应对方

想要获得良好的倾听效果，不仅需要潜心倾听，还必须有反馈的表示，比如欠身、点头，或者重复一些重要的句子，或提出几个对方关心的问题。这样，对方才会因为你的专心倾听而诉说更多自己的观点。

如果只是一味地听，不回应也不适时发表自己的意见，对方就会认为你心不在焉，自然也就没有与你继续交谈的兴趣。

6. 用提问引导他人说话

由于各种原因，有些人常常不愿意主动透露相关信息，这时如果仅仅靠一个人唱独角戏，这场沟通就会显得非常冷清和单调，而且这种缺少互动的沟通通常都会归于无效。为了避免冷场并使整个沟通实现良好的互动，你可以通过适当地提问来引导对方敞开心扉。你可以通过开放式提问的方式使对方更畅快地表达内心的需求，比如用"为什么……""什么……""怎么样……""如何……"等疑问句来发问。

倾听是一门艺术

聆听是表示关怀的一种方式，是一种无私的举动，它可以让我们远离孤独，建立亲密的人际关系。

▌高手支招

史密斯是一家公司的老板，公司有一二百名员工。由于自身积极地投入，史密斯不管是在业务上或是在管理上，均有相当的成效，在运筹帷幄间指挥若定，威风八面，宛如领军千万的大将，好不神气。

可是，他就是对儿子没办法，那种代沟是怎么也无法跨越的，每次一见面，没讲三句话，又是拍桌又是摔门，弄得家里鸡飞狗跳。

这天，两人又是因为儿子的晚归大吵了起来，就在双方面红耳赤之际，儿子突然间住了口，然后一字一字地说出："爸，再这样吵下去也不是办法，我能不能请你把我刚刚说的那句话说一遍给我听？"

"啊！"史密斯真的吓了一跳，压根儿没想到儿子有这怪招。"你说……你说……做父亲的太能干，当然看不起儿子。"

"不对！你再想想看，我是这么说的吗？"

"浑小子！那你怎么说的？你自己说过的话，你自己为什么不再说一次？"

儿子突然间笑出声，"你看！从头到尾，我说什么你都没听清楚，那些话是你自己想的，我可没这么说。我们不是要沟通吗？那么，我说什么，你重复一次给我听，再轮到你说，我来重复。"

"我哪有那么多时间在那边重复来重复去！你是真想气死我啊！"

"爸！我们就试试看吧！否则这种争吵会没完没了的，你再想一想我到底是怎么说的？"史密斯想一想，觉得这么多年忙于工作，真的没有好好和儿子沟通一下，自己也确实从来都没好好听儿子说过什么，只是一味地按照自己的想法行事。也许这个办法真能达到自己的目的——把自己和儿子之间的鸿沟消除掉。于是他承认："我真的想不起来，你再说一次好了。"

"好吧！我说，父亲很能干，儿子一方面很佩服，一方面怕自己跟不上，心里多少有点压力。"

史密斯冷静一想，他说得合情合理，自己怎么会那么激动？结果，这天晚上，他们父子俩竟然可以谈上两个小时而不吵架，这个效果连史密斯也意想不到。父子毕竟是父子，坦诚地聊过一次以后，父子俩自然冰释前嫌了。

在与人交往时，不仅要将自己的意见谨慎清楚地表达出来，而且还要平心静气地倾听和接受别人的意见。但生活中太多的人容易忽视这一点，尤其是在和朋友交往的时候。

有一次，一位女主人决定要测验客人是否认真聆听，她一面请客人吃点心，一面说："你一定要尝一尝，我加了点砒霜。"所有客人竟都毫不犹豫地吃了下去，还说："真好吃，一定要把做法告诉我。"

我们全都以为别人讲话时我们在好好地听，事实上，我们话说的速度大都是每分钟 120～180 个字，思想的速度却要快四五倍。所以我们的注意力分散，常把别人所说的话只听进了一半。

怎样改善聆听的能力？以下是几点建议：

1. 全心全意地聆听

听音乐时，轻敲手指或频频点脚打拍子，这没有问题，听别人说话时却不好，因为这些小动作最损害别人的自尊心。

要设法撇开令你分心的一切——不要理会墙角嗡嗡作响的苍蝇，忘记你当日要去看牙医。眼睛看着对方，点头示意或打手势鼓励对方说下去，借此表示你在用心倾听。如果你轻松地坐着，全神贯注，不用说话也能清楚表示你听得津津有味。

轮到你发言时，别以为你必须一直说下去，要把说话的机会奉还给别人。

我们年轻时，大都听信别人的话，以为话说得越多，在社交圈子里便越成功。 一位外交官的太太曾细述她丈夫初入外交界，带她出去应酬时她在那些场合多么受罪。 她说："我是个小地方的人，而满屋子都是口才奇佳、曾在世界各地住过的人。 我拼命找话题，不想只听别人说话。"

一天黄昏，她终于向一位不大讲话但深受欢迎的资深外交家吐露自己的问题。 他告诉她说："每个人说话都要有人听。 相信我，善于聆听的人在宴会中同样受欢迎，而且难能可贵，就好像撒哈拉沙漠中的甘泉一样。"

有一位有风度的女性，长得既不美，谈吐又不特别风趣，可是她认真听你讲话的时候，心神完全集中在你身上，使你觉得自己是世上最重要的人。 这正是一个善于聆听的人所具有的强烈感染力。

2. 协助对方说下去

试用一些很短的评语或问题来表示你在用心听，即使简短地说"真的"或"告诉我多一点"也行。

假如你和一个老朋友吃午饭，他说因为夫妻大吵了一顿，他整个星期都睡不好。 如果你像大多数人一样，怕听别人私事，你可能说："婚姻生活总是有苦有乐，你吃鱼还是五香牛肉?"你这样说，是间接提醒他最好别向人发牢骚。

假如你不想浇他一头冷水，那就不妨说："难怪你睡不好，夫妻吵闹一定令你很难受。"他有舒缓心中抑郁的机会，心情便会好很多。我们当中很少有人能够自我开解，总有人需要把自己的烦恼告诉善于聆听的朋友。

3. 要学会听出言外之意

一位生意兴隆的房地产经纪人认为，他成功的原因在于不但能细心聆听顾客讲的话，而且能听出顾客没讲出来的话。他讲出一幢房屋的价格时，顾客说："哪怕琼楼玉宇也没有什么了不起。"可是说的声音有点犹豫，笑容也有点勉强，经纪人便知道顾客心目中想买的房子和他所能买得起的房子显然有差距。

"在你决定之前，"经纪人练达地说："不妨多看几幢房子。"结果皆大欢喜。那位顾客买到了他能买得起的房子，生意成交。

即使听自己最喜爱的人说话，也容易只听到表面的含意，而忽略了"话中话"。"你钱用光了？这是什么意思？全家人只晓得拼命花钱!"这番气冲冲的抨击的话可能与家庭的开支无关，真正的含义是什么？"我今天的工作已经把我折腾够了，我正想发脾气。"

要是你善解人意，便听得出这番气话隐藏着委屈和挫折感。在较为心平气和时，只消稍微说一两句表示关心的话(你看来很疲倦，今天很辛苦)就可帮助一个满腹牢骚的人以不伤感情的方式消气。

4. 用心听,但不急于判断

我们总是勇于订立是非的标准,判断谁是谁非。只判断而不用心听,便会切断许多心灵沟通的途径。

美国加州大学精神病学家谢佩利医生说,向你所关心的人表示你可能不赞成他们的行为,但欣赏他们的为人,这是非常重要的。仔细聆听能帮助你做到这一点。假如十来岁的孩子深夜三时回家,心急的父母不易记住聆听是多么重要,孩子刚要解释,做父母的便劈口喝道:“我不要听出了什么事!”这种反应破坏了双方的沟通,更严重的是令孩子的自尊心受到打击。一定要告诉他你们如何为他操心:“我们又担心又害怕。”然后让他说明一切。心理学家警告说:父母如果从不听孩子说话,孩子长大后,往往要经过许多年治疗才能恢复自尊。

在大多数情形下,人与人不能沟通的原因是只有人说话而没有人听。一个挽回家庭关系成绩优秀的调解人说:“我令一家人言归于好,真不费什么劲。我只是让每个人有发言的机会,别的人都在听,但不准插嘴。这往往是全家人多年来初次细心聆听彼此说话。”

主动倾听，成功没有意外

▌核心提示

　　成功从来就没有意外。一个人如果没有足够的付出，那么他得到的成就也就不会太大。只有播种，才能收获，道理十分浅显。无论是在生活中还是在工作中，主动倾听的人就是真诚播种的人，能够得到意外的收获也不足为奇。

▌高手支招

　　人类的社会性很强，作为社会的一分子，什么都不管不顾是不可能的。而且身处在这个经济社会，像陶渊明那样"采菊东篱下，悠然见南山"的田园生活也是不现实的。我们需要很多有效的信息，更需要前瞻性的信息。前瞻性的信息从哪里来呢？这就要求我们学会与人沟通，学会主动倾听，用心去倾听，用自己敏锐的眼光准确获取我们需要的信息。

　　项羽失败的教训值得我们记取。自视甚高的项羽有范增这样的人才而不能听其言，结果被善于用人的刘邦夺走了大好河山，自己落了个"无颜见江东父老"的悲剧下场。

唐太宗是中国历史上最伟大的封建统治者之一，在他的治理下出现了"贞观之治"的繁华盛世局面。 当然，唐太宗的个人才能和品德是很了不起的，他是封建专制制度下比较民主的君主，他很耐心地倾听大臣的意见和建议。

据史料记载，有一次，他正在玩一只鸟，恰好被大臣魏徵撞见了，他连忙把鸟揣到怀里。 魏徵装着没有看见，和太宗聊起天来，聊了半天才走。 鸟被闷死了，太宗虽然很生气，可还是宽容了魏徵。 唐太宗用人唯才、唯贤，认真倾听大臣们的谏言，终于开创了中国历史上著名的盛世局面，可以称得上是伟大的帝王。

身处现在的社会，我们是否还需要像唐太宗那样重视倾听呢？ 答案是肯定的。 倾听是一种美德，一定要继承下去。 我们做事情千万不要草率行事，以免害人害己。 无论做什么事都要三思而后行，凡事要多听听别人不同的意见，力求得到最好的结果。 特别是现在的企业家，作为管理者，更需要主动倾听，有这样的魄力和耐心，做大做强自己的事业则指日可待。

《北京商人》中的主人公呼延靖在商场上拼搏过程中的那些为人处世的行为，可圈可点。 他的眼光、他的魄力、他对下属的态度、他对事业的执着，让我们对中国商业的未来充满了热切的希望。 他认真考察市场情况的同时耐心倾听方方面面的意见，仔细分析研究，得出正确的结论，为我所用。 他与下属的关系打磨得非常和谐。 他在做决策时，总会主动征求下属的意见，下属也很乐意为他出谋划策，为他效力。他表现了对下属的尊重，因此下属对他很忠诚，愿意为他所用，为公司的利益尽心尽力。这样上下团结一心、精诚协作，使公司得到迅速发展。倾听是一个成功的商人与下属沟通的必要条件。管理者放低姿态主动倾听，他的员工才可能说出自己真实的想法；管理者主动倾听，鼓励员工多交流，员工也会主动倾听管理者的要求。有了良好的沟通平台和团结一致的合作氛围，公司的发展肯定能够迈上一个新台阶。

一个不愿意倾听的人，要么性格孤僻，要么独断专行。这样的性格，在与人沟通方面当然会出现问题；一个不愿意倾听的人，他的人际关系会受到很大制约，而我们自己的力量又很有限，在这种情况下，想要获得成功无疑是非常困难的；一个愿意倾听并且主动倾听的人，他在任何情况下都能够游刃有余，并且有所作为。倾听是沟通的基础，主动倾听，掌握沟通的主动权，会为我们的成功迈出坚实的一步。

对于一个高效的沟通者来说，合理规划是工作的重中之重。举例来说，来自企业内部的出乎意料且不受欢迎的消极信息防不胜防，令沟通部门的主管疲于招架。对他们来说，应对风云多变的外部环境已经相当困难，这些企业内部意外信息的"友军误伤"无疑是雪上加霜。许多企业已经认识到保持信息一致的重要性，以确保各种信息相互支持而不是相互抵触。只有这样才能保证所有人员都能对企业形成一致的认识。在结构复杂的企业中，要保证信息的连贯性与协调性，就必须进行周密的沟通规划，进行沟通工作的人必须紧密协作。

实际上，只要程序简便易行，员工是乐于让企业了解他们的情况的。对一些企业来说，可以开发一种在线规划的工具，使管理者了解沟通计划的相关组成部分，并借助该工具创造出符合企业沟通标准与程序的高质量的沟通渠道。

在倾听过程中要注意以下几点：

（1）要住口，不要声张。对于不利于团结的事情、人与人之间恩怨是非的传闻，以及道听途说的谣言等，不要听什么传什么，自己听过后要咽到肚子里，要禁止再从你的口里传给另外一个人，做到心里能装事，守口如瓶。

（2）不要心如浮萍，听什么信什么。倾听为我们的判断开辟了一条新的途径，但倾听不能代替自我的分析和判断。我们不仅要学会"听"，还要有足够的能力"择"。因倾听别人的意见而丧失自己的主见，是极不可取的。

（3）沟通无时不在，无处不在，沟通效果好能事半功倍，沟通不好可能就会出现问题。倾听是沟通交流中的智慧，所以，我们必须学会静下心来倾听，不能心浮气躁，耳目闭塞，固执己见。

倾听是对对方的尊重，而对别人的尊重是增进交流的基础。成功人士都是主动倾听的奉行者，他们的经历告诉我们倾听在人际交往中的重要作用，它是使沟通融洽的必要条件。善于倾听的人，无疑为成功增添了筹码。

听取他人意见，接受良言指点

■ 核心提示

每个人都不希望别人总与自己意见相左，忠言逆耳，即使明知是良言，有些人也会觉得无法接受。他们认为本来将自己的劣势暴露在别人面前，已经够让人脸红尴尬了，更何况还要接受别人的指责性意见。可是事实证明，能接受良言指点，虚怀若谷的人总是更容易获得成功。

■ 高手支招

大凡有作为的政治家，都有非凡的性格和奇特的经历。在齐国历史上，如果说齐桓公以任用贤才而著名，那么齐威王则以善于纳谏而著称。

齐威王叫田齐，是田和的孙子，公元前 356 年至公元前 320 年在位。齐威王以善于纳谏闻名诸侯，齐国的中

兴，也正是由于齐威王广泛纳谏、采集群策进行改革而
实现的。当时，齐国有个大臣叫淳于髡，他人长得矮小，
但很有口才，非常幽默风趣，每次出使诸侯国，他都能
顺利完成任务，是齐国的外交人才。他看到齐威王通宵
喝酒，不理政事，政治紊乱，国势危急，心中十分着急，
但又怕得罪君主，于是便用隐语进谏。

他对齐威王说："我们国家有一只大鸟，三年不飞也
不鸣。大王，你知道是什么原因吗?"齐威王立刻意识到
淳于髡是在用大鸟比喻自己，说他待在宫里，百事不管，
毫无作为。于是回答说："此鸟不飞则已，一飞冲天；不
鸣则已，一鸣惊人。"齐威王从此振作起来。淳于髡还劝
齐威王不要通宵喝酒，并以自己的亲身体会说明："酒极
则乱，乐极则悲。"齐威王就改掉了通宵喝酒的毛病。后
来齐国中兴，成为东方强国。

古时候的纳谏就是今日的听取他人意见，只要你听取了他
人的意见，接受了良言的指点，那么你就将获得成功。所以
听取他人的意见是很重要的，在听取别人意见的同时，千万不
要忘记了还要接受良言的指点，这样你才会使自己变得更加
出色。

在唐太宗继位后的不长时间内，社会经济便得到了
恢复和发展，出现了政治比较清明、社会秩序相对稳定、
国家逐步强盛的局面，使贞观时期成为中国历史上的盛
世。唐太宗能够取得这样大的政绩，其中一个重要原因

就是他在贞观前期和中期善于纳谏。

唐太宗曾说：我少年时就喜爱弓箭，后来我用弓箭定天下，还不能真正懂得弓箭的好坏，何况天下的事务，我怎么能都懂得？这说明他有一定的自知之明，承认自己并非一切都懂、无所不能。据此，他清醒地认识到，如果臣下对自己隐恶扬善，一味顺从、奉承，"则国之危亡，可立而待也"。为了稳固统治，唐太宗告诫下属"君有违失，臣须直言"。他也确实采纳了不少正确的劝谏。

有一次，唐太宗一气之下要判处一名伪造资历的人死刑，大理寺少卿戴胄坚决反对，认为依法应判处流放。唐太宗受到顶撞，十分生气，戴胄仍然据理力争，说：法令是国家取信于天下的凭证，皇帝不能因一时愤怒而杀人。争辩的结果是唐太宗折服了，并且称赞戴胄秉公执法。

至于以"犯颜直谏"著称的大臣魏徵，更是常常与唐太宗面谏廷争，有时言辞激烈，引起唐太宗盛怒，他也毫不退让，往往使唐太宗感到难堪，下不了台。不过事后唐太宗能认识到，魏徵极力进谏，是为了使自己避免过失，因而先后接受了魏徵二百多次批评规劝，还把他比作可以纠正自己过失的一面镜子。魏徵病死时，唐太宗非常悲伤，痛哭说："以铜为镜，可以正衣冠；以古为镜，可以知兴替；以人为镜，可以明得失。今魏徵殂逝，遂亡一镜矣！"

唐太宗与魏徵既是君臣，又是朋友。没有唐太宗的贤明大度，就不会有魏徵的忠直；而没有魏徵的忠直，唐太宗就少了一面文治武功的镜鉴。二人相互衬托，相辅相成。

我们应当有辨别是非的能力，在工作、学习和日常生活中要采纳他人的合理建议，不偏执、不搞一言堂，做一个敢于接受他人意见的人。

在聆听中认识自我

▌核心提示

　　要认识自我离不开专心地聆听。这里所说的聆
听并不单单是用耳朵搜集来自其他人的信息，我们
还可以通过写日记聆听来自内心的信息，这种认识
自我的方式是主动的、自发的，是一种来自心灵深
处的需要。

▌高手支招

　　我们必须勇敢地面对他人，培养聆听别人讲话的耐心。
聆听别人的谈话，而不仅是聆听自己的谈话，对我们来说是一
件不可忽视的事情。

　　聆听自己的感觉可以随时让你知道你是否走错了方向，是
否走向不快乐或者某种冲突，你内心的感觉就像是晴雨表，可
以让你知道内心的情绪如何。

　　许多人会有这样的感受，"有时在内省、倾听自我的时

候，总是没有任何动静，我真的不知道自己的感觉。"有人会说："那么混乱，我说不清楚，该怎么办？"怎么办？首先别担心，因为没有人确实知道每一件事。情绪的一个重要特征是流动与易变，再说，许多情绪混杂在一起，确实难以分辨。爱与喜欢有什么区别呢？为什么有时对某个人爱恨交织呢？为什么伤感之后心里总是空荡荡，提不起精神做任何事情呢？而这些问题的解决办法都包括高度的情绪智慧。

要想明察内心的信息，写日记是个不错的选择，一日至少写一篇，坚持一个星期，在日记中记下什么事令你觉得快乐、兴奋，什么事令你生气、伤心、孤独，对自己的感觉做个简短的描述，并把别人眼中的你做个简短描述，考虑一下描述是否有不妥之处，然后进行修改。

每天对着镜子问自己："今天做了什么事令我自己满意，为什么会满意，什么事令我愤怒。"同时观察镜中的"我"的表情。

从日常的情绪体验来看，人时而会忧虑甚至是忧伤，时而会不安甚至是惊慌，时而会狼狈甚至是害怕，时而会焦虑甚至是惊骇，而这些情绪都是恐惧——一种对意识到的危险的警觉，无论这种危险是确定的、直接的、清楚的或是模糊的、间接的、没有特定起源的、轻微的或是重大的。

人人都有烦乱、疲惫、无聊、抑郁、嫉妒的感觉，而这些都会使我们感到精力消耗或缺少力气。认清这些外部情绪所传达的真正的意义与讯息，更深一步地分析产生的原因，正是自我聆听取得的成就。

通过自我聆听，你就会对自我以及自我经历的一些事情做出更客观或者更有力的评价。

　　心理暗示可作为聆听内心感受的一个很好的办法。 心理暗示就是一个人用语言或其他方式对自己的知觉、思维、想象、情感、意志等方面的心理状态产生某种刺激的过程。 它是人的心理活动中的意识思想的发生部分与潜意识的行动部分之间的沟通媒介。 它是一种启示、提醒和指令，它会通知你注意什么、追求什么、致力于什么和怎样行动，因而它能影响和支配你的行为，这是每个人都拥有的一个看不见的法宝。

第六章

合作共赢，深度社交的根本就是高效协作

高效率的团队合作

▌核心提示

现代企业需要的是复合型的人才，许多工作靠个人的一己之力获得成功几乎是不可能的，团队合作才是事业成功的重要保证。

▌高手支招

小西在一家建筑公司上班，负责装修设计。最近公司承接了一个大工程，客户要求在一个月内完工。

领导将工程交给小西所在的部门负责，同事们明明知道这个任务不切实际，无法完成，但是为了逃避责任，大家都心照不宣地选择沉默，谁也不愿意向领导说明实情。小西见大家如此，自己也保持了沉默。

结果可想而知：期限到了，工程并没有完工，公司赔偿了大笔违约金，部门所有员工都受到了严厉批评。

一个优良的团队能够为团队成员营造良好的工作氛围，鼓励团队成员发挥潜在的能力和技巧，为了完成共同的目标而奋斗。 在这样的团队中，为了实现共同的目标，所有成员都会主动承担责任，并为了团队付出自己的努力。 同时，团队成员共享团队取得的成就。 换句话说，团队成员并不是为了个人利益而努力，而是为了集体的利益和目标在奋斗。 因此，团队成员会在这个集体中分享信息和资源，互相配合，取长补短，合力奋斗。

在当今社会，面对激烈的竞争，很多人会把团队成员当作自己的竞争对手。 这种片面强调竞争的意识，令团队成员之间产生隔阂，阻碍了团队的合作意识。

怎样才能有高效率的团队合作呢？

1. 以集体的利益为最高利益

团队合作是一群有能力、有信念的人为了共同的目标而相互帮助、共同奋斗的过程，因而团队利益和共同目标是团队形成的前提和基础。 为了保证团队的利益，有时候需要对团队和工作进行调整，这有可能影响到团队成员的个人利益或目标。 有团队合作意识的人，会以大局为重，坦然面对。

2. 勇于承担责任

在团队中，为了实现共同的目标，团队成员必须勇于承担责任，为了团队贡献自己的力量。 只有抱着"有福同享，有难同当"的想法，才会从团队的利益出发，为了实现团队目标而合力奋斗。

如何才能有人际魅力

▌核心提示

　　魅力从来不是与生俱来的，而是可以通过后天培养的。只要有意识地培养，都会增加自己的魅力指数。

▌高手支招

　　小冰是一个很有魅力的人，不管是在日常生活还是在工作中，他都是那种能够吸引别人眼球的人。大家都愿意亲近他，与他交往。

　　可是，以前的小冰并不是这样。那时的他性格内向，沉默寡言，不愿与人交往。在工作中，因为害怕与客户交往，他错失了很多业务。看着别人与客户谈笑风生、魅力四射的样子，小冰觉得自己很失败。后来公司领导的一番话彻底改变了他。

　　领导说："人生最重要的形式是参与。如果你不去参与，永远不会知道自己会在里面扮演一个什么样的角色。如果你认定自己是个失败者，那你一定会失败。如果你坚信自己会成功，那你就一定会成功。"

听了领导的话，小冰意识到自己应该作出改变。于是，他敞开自己的心扉，积极地结交朋友。现在的他，无论走到哪里都是备受瞩目的焦点。

很多人不知道如何结交朋友，不知道如何让自己看起来更有魅力。在生活和工作中，总能遇到一些特别有魅力的人，他们幽默风趣、见多识广，跟他们交往会让人觉得心情愉快。毫无疑问，有魅力的人都善于与人友好相处，善于处理人际关系。但很多人认为他们的魅力是与生俱来的，除了对那些有魅力的人羡慕和赞叹外，实在不知道要如何达到他们那种高度。

一位名人曾在其著作中说过这样一段话——给人留下良好第一印象的6种途径是：对任何人都要真诚相待；要时常对别人报以微笑；记住别人的名字；学会聆听与赞美别人；谈论对方感兴趣的话题；以真诚来感动身边的人。这些方式，都能帮助你提高自己的魅力。换句话说，魅力是可以改变的，只要有意识地培养，魅力指数都会提高。

培养魅力应从何入手呢？

1. 以诚待人

只有对人真诚才能赢得别人的好感和信任，让他人能够放心大胆地与你交往。那些虚伪做作的人，即使伪装得再好，总有一天会被揭穿，到时候，会令一切努力付诸东流。

2. 尊重他人

尊重是建立人际关系的基础，每个人的内心都希望得到他人的尊重。只有尊重他人，在人际交往中才能以宽容大度的心态来处理一切问题，赢得别人的好感，树立自己的良好形象。

团队合作需要相互信任

▋核心提示

　　相互信任是团队中最重要的精神。如果失去信任，团队成员就无法知道自己的奋斗能否转化为团队的成功。在一个彼此尊重、相互信任、开诚布公的团队中，每个成员都愿意与其他成员分享自己的经验、喜悦、弱点和风险。

▋高手支招

　　有3头牛友好和睦地生活在一起，每天快快乐乐地一起去野地吃草，根本不担心别的动物的偷袭。

　　森林里有一头狮子已经在暗处窥视它们很久了，早就想逮住它们，饱餐一顿。但是3头牛体型巨大，只要它们聚在一起，狮子就得不到机会。于是，狮子绞尽脑汁地想办法来破坏他们的感情，想让它们分开。终于，它想到了一条妙计。

狮子开始暗地里散布流言蜚语，说其中的一头牛早就对两个伙伴不满了，总是在背后说它们的坏话。听到流言后，3头牛都觉得对方是那个表里不一的人，于是它们之间产生了矛盾，不再信任彼此。互生嫌隙的3头牛不愿再在一起吃草，它们开始各吃各的。狮子看到自己的诡计得逞了，就趁3头牛分头吃草的时候，各个攻击。就这样，狮子轻而易举地吃掉了3头牛。

这是一则非常短小精悍的故事，但是有很深的内涵。从故事中，我们可以发现，狮子是绝顶聪明的，因为它明白合作的基本原则是相互信任，所以想要吃掉牛，最先要做的就是破坏3头牛之间的信任。于是，狮子用"离间计"分离它们，最终将它们一一击破。

团结才是力量，团队成员之间应该互相信任，否则，早晚有一天会灭亡。3头牛在面临外界的流言蜚语时，都放弃了对伙伴的信任，产生背离，这是导致它们悲惨命运的根源。

在现代社会中，只有团队的成功才意味着个人的成功。因此，要相互信任，将团队利益放在至高无上的位置。

1. 不要互相猜忌

信任是合作的基础和前提，当对团队成员产生不信任的时候，就是在分化团队，破坏团队的凝聚力。一旦成员之间不再信任，团队就会很容易被瓦解，个人的努力将无法转化为团队的成功。

2. 要有对团队负责的态度

在现实生活中，为了逃避责任，人人都不愿管闲事，希望明哲保身。在团队中，如果人人都逃避责任，远离"闲事"，那么团队目标就只能成为空想。

3. 培养团队成员的良好品质和态度

只有成员之间坦诚相对、愿意倾听、彼此信任、怀有同理心，才会形成团队凝聚力。拥有坚定的信念，相信团队合作的力量是团队获得成功的关键。

摆正与领导的关系，努力做到共赢

▌核心提示

    与领导的相处方式关乎着个人的前途发展。好的领导愿意在旁指导和鼓励你，还能帮你争取更多的升迁机会。领导与下属之间的良好互动，能够促成双方的共赢。

▌高手支招

    于娟大学毕业以后，在一家公司做财务。她用了短短 3 年时间，就坐上了该公司部门经理的位置，这让所有的人都感到佩服。

    于娟并没有很广的人脉，工作能力也并不比别人强多少。那么，她成功的秘诀是什么呢？原来，在于娟的职业道路上，有很多人给予了她帮助。刚进公司时，她还是什么都不懂的职场新人。总经理让公司很有经验的一位老员工带她熟悉业务。那个老员工对待工作认真负责，做事一丝不苟。于娟十分机灵，看到老员工的工作作风后，就了解了老员工的脾性，知道他喜欢勤奋努力的员工。于是，她就把所有的精力放在工作中，认真学习，特别努力。只要是那个老员工交代的事情，她都会积极地去做。无论自己多辛苦，只要是老员工交代的事情，她都会一丝不苟地完成。

看到于娟这么勤奋，那个老员工也十分喜欢她，将自己多年以来的工作经验都教给了她。有了老员工传授的经验，再加上自己的才能，于娟很快就在公司崭露头角。

由于于娟表现得很出众，那个老员工经常会在领导面前夸奖她。时间一长，领导对于娟的印象十分深刻，只要有升职加薪的事，就会第一个想到她。

很快，于娟就从一个初出茅庐的丫头变成了公司的财务经理。与此同时，那位老员工也给领导留下了工作能力和领导能力都很出色的印象。

领导和下属之间并不只是单纯的上下级关系，而且是相互帮助、平等双赢的关系。如果没有摆正自己与领导之间的关系，不仅会失去自尊，也很难取得领导的信任。

和领导处理好关系很重要，而如何和领导处理好关系，你要做到以下两点。

1. 摆正与领导之间的关系

如果在与领导相处的过程中，将自己放在一个过低的位置，就会对领导唯命是从。 如果不把领导当回事，凡事按照自己的心意去做，也不会得到领导的信任。 因而，在与领导相处的过程中，要秉着"平等双赢"的原则，与领导保持恰到好处的距离，才能赢得领导的尊重和信任。

2.明白自己的价值

在竞争激烈的职场中，要时刻反问自己：我的价值什么？我能为领导做什么？ 领导需要的是能够为自己创造价值的员工，如果你不能为领导创造价值，就很容易被淘汰。

拥有默契，让团队更成功

▍核心提示

默契是一种高级的人际关系，是在合作中不断磨合出来的"战友情谊"。默契不仅能够让你赢得同事的尊重和喜爱，还能赢得领导的赞赏。

▍高手支招

爱丽是米斯的顶头上司，其实她们是同一年毕业的校友，有很多共同的朋友。因为这层关系，两人的关系十分亲近。

米斯当初跳槽到这家公司的时候，是爱丽面试的。面试结束后，爱丽对她微微一笑。当时，米斯就预感自己肯定会被录取。虽然米斯不知道那个微笑到底是什么意思，但是她总是记得那个微笑。

爱丽是主管，她的办公室朝向员工的这面是块大玻璃，随时能够看清外面的动静。而米斯的办公桌正好在她的对面。从第一天上班开始，米斯就习惯在工作间隙往她的办公室看。有时候四目相对，她会对米斯微微一笑。这个笑容令米斯更加卖力地工作。

爱丽在向员工交代事情的时候，都会从办公室里走出来，亲自到同事面前交代工作。米斯很喜欢她的平易近人。爱丽交代完工作后，总要经过米斯的办公桌。她会微笑着询问米斯最近的工作情况，嘱咐她不要太劳累。以前，米斯曾经和爱丽合作过一个项目，当时爱丽对米斯的评价是：工作拼命、富有创造力。那次之后，她就经常嘱咐米斯工作不要太辛苦。

米斯知道，这只是上司对下属的正常关心，并不意味着上司特别钟爱你，要给你升职加薪，因为说不定她对别的同事也是一视同仁的。爱丽这样做，只是希望员工能够更加卖力地工作，这是管理上的策略。米斯心里也明白，但是只要爱丽问候自己，米斯就觉得心里暖洋洋的，再辛苦的工作也会抢着去做。

这就是默契。爱丽是个聪慧的女人，她不费吹灰之力就能与同事建立起默契，得到同事的爱戴。这种感情虽然不像友情那么深刻，但是足够让米斯心甘情愿地卖力工作了。默契关系是在长期的工作和交往中日积月累形成的。只要拥有共同的目标、共同的价值观、共同的利益和工作的合作意识，就会逐渐建立起默契。

在职场中如鱼得水的人，总是与上司配合默契。他们不仅有良好的人际关系，而且工作成绩也很突出。职场是需要团队合作的地方，只有有意识地培养自己的团队协作能力，培养与同事之间的默契，才能不断进步，走向成功。

快乐需要分享

　　赠人玫瑰，手有余香，善良的人在助人为乐之余能得到异常丰厚的回馈。在日常生活中，我们不妨多多帮助别人，不要计较眼前的一些小利。乐善好施者往往受益良多。

▌高手支招

　　古时候，有两个民间的钓鱼高手，分别叫乾和敖。一天，两人相约一起到鱼池垂钓，一决高下。两人都有真本事，一个上午，各自的篓里都是满满的，一时间难分伯仲。

　　这时，十来个稚童忽然出现在鱼池边，他们看到两个大人篓里的鱼活蹦乱跳，都忍不住在附近买了鱼竿来钓。由于是新手，忙活半天，一群孩子竟然一条鱼也没钓着。这群孩子在池边吵吵闹闹，两位钓鱼高手的比赛

175

也受到了影响。乾生性孤僻喜静，不愿理会俗世，见这群娃娃既没礼貌，也不懂钓鱼需要安静环境的道理，便生起气来，拿起工具到湖的对岸去了。而另一位高手敖，却是个热心、豪放、爱交朋友之人。敖见这群孩子对钓鱼有着强烈的兴趣，又钓不到鱼，就对其中一个年纪稍大的孩子说："过来吧小子，我来教你们钓鱼，如果你们学会了我传授的诀窍，钓到一大堆鱼时，每十尾就分给我一尾，不满十尾就不必给我。"孩子们开心极了，纷纷围着敖听他讲钓鱼的技巧。慢慢地，路过的人纷纷围到池边，大家成群地坐着，都希望能得到敖的指点。

敖在人群中不断穿梭，教会这群人又去教另一群人，依然要求他们每钓十尾要给他一尾。整整一天，这位热心助人的钓鱼高手，把所有时间都用于指导垂钓者，累得汗涔涔，却也轻松快活。人们为了感谢他，纷纷把钓到的最大的鱼给他。最后一看，他竟得了几篓大鱼，比他自己一心一意钓的更肥更多。不仅如此，他还认识了一群新朋友，大家都十分恭敬地称呼他"老师"。而同来的乾，不仅输了比赛，还生了一肚子的闷气。当大家圈绕着敖学钓鱼时，他在对岸显得那么孤单，闷钓一整天，却发现鱼篓里的鱼没有敖的大，也没有敖的多。

"独乐乐不如众乐乐"讲的是一个人的快乐不算快乐，大家一同快乐才是真正的快乐。这种人生哲学，没有经过一番阅历的人是很难体会到的。

有一个故事，说一个人酷爱下围棋。因为他棋艺高超，天上的神仙都下不过他，玉帝便封他上天做了棋仙。但是日子久了，天上的神仙总下不赢他，都不愿与他下了。一次，他因打碎了玉皇大帝的白玉棋盘，被玉帝惩罚三百年不许碰棋盘。这可急坏了他。一日，他棋瘾又犯了。恰逢王母开蟠桃大会，所有的神仙都去赴宴，无人值守，他便偷偷下凡找人下棋。

然而，当棋仙刚与一个老头儿下了一局，就被紫霞仙子发现了。仙子跑到玉帝面前告状，说棋仙不守天条，居然在盛会之时偷下凡间。玉帝听了，就对紫霞仙子说会好好惩罚这个胆大包天的棋仙。

棋仙在凡间留了 3 天，遍访棋艺高手，无人能敌。棋仙兴奋莫名，又到白巫山找一位隐士斗棋。紫霞仙子又跑去找玉帝："陛下，您不是要惩罚棋仙吗？为何还不见有惩罚？"

玉帝说："我已经在惩罚他了。"

直到第 9 天，棋仙都不逢敌手。因为下得太过瘾了，于是棋仙决定再下 9 天。紫霞仙子又去找玉帝："陛下，您不能再姑息棋仙了。到底惩罚在哪里呢？"玉帝只是笑而不语。

一直下了九九八十一天，棋仙比任何一位名人隐士都优秀，这可把棋仙乐坏了。紫霞仙子很生气地问玉帝："这就是您对棋仙的惩罚吗？如此下去神仙们没见到惩罚棋仙，都会想要触犯天条的。"

上帝说："紫霞仙子，你想想，他有这么惊人的成绩以及兴奋的心情，却不能跟任何一个神仙说，也不能和任何一个人说他神仙的身份，这不是最好的惩罚吗？"

原来在玉帝眼里，当一个人有了快乐却不能与他人分享时，这种快乐不仅不是快乐，还会变成一种惩罚。一个人无论看到如何美丽的风景，有了多么刺激的旅程，获得了多大的荣耀，如果没有人能与他分享，那他不会获得太多的快乐。这种快乐会一直压在他的心头，有口难言，反而会变成负担和累赘。

你对别人付出友善，别人也会用同样的友善来回馈你。如果你一味地对别人好，却不奢望得到回报，那你将得到更多的回报。 一份快乐，与别人一起分享，会让更多的人获得快乐。

痛苦与人分担，各有一半，快乐与人分享，每人得到的不止一个快乐。 不能分享的快乐究竟能不能算是快乐呢？ 懂得与人分享，小快乐就会变成大快乐。 只要人人都分享自己的快乐，人们的幸福指数就会提高。